**PRIMER** NIVEL:

# APRENDE GUITARRA FÁCILMENTE

### POR VICTOR M. BARBA

T0066061

**Amsco Publications**
*New York/London/Paris/Sydney/Copenhagen/Madrid*

Cover photograph by Randall Wallace
Project editor: Ed Lozano

This book Copyright © 2002 by Amsco Publications,
A Division of Music Sales Corporation, New York

All rights reserved. No part of this book may be
reproduced in any form or by any electronic or mechanical means,
including information storage and retrieval systems,
without permission in writing from the publisher.

Order No. AM 974424
US International Standard Book Number: 0.8256.2733.8
UK International Standard Book Number: 0.7119.9479.X

Exclusive Distributors:
**Music Sales Limited**
Distribution Centre, Newmarket Road, Bury St Edmunds, Suffolk IP33 3YB, UK.
**Music Sales Corporation**
180 Madison Avenue, 24th Floor, New York NY 10010, USA.
**Music Sales Pty. Limited**
20 Resolution Drive, Caringbah, NSW 2229, Australia.

Printed in Great Britain

# ÍNDICE

# INTRODUCCIÓN

## MÚSICA FÁCIL... ¡CON ESTE LIBRO ES REALMENTE FÁCIL!

En poco tiempo te darás cuenta de cómo puedes tocar fácilmente la guitarra. Con tan sólo un poco de práctica y estudio vas a poder acompañar canciones y tocar melodías sin esfuerzo. Por supuesto no serán todas las canciones que ya conoces o esperas poder tocar, pero con la ayuda de este libro, aprenderás a tocar canciones. Descubrirás que con este método podrás tocar música, y por supuesto, tocar en un grupo. De esta forma podrás tocar canciones conocidas de tus artistas favoritos y los ritmos que te gustan.

En este libro aprenderás ritmos y canciones de los estilos: norteño, banda, cumbia, bolero, balada, *rock*, mariachi, ranchera, y muchos otros estilos más.

No trates de tocar todo enseguida. Estudia primero y practica mucho cada ejemplo. La música tiene que ser divertida, y por eso lo es también este libro. Verás que con un poco que estudies serás capaz de crear tus propias canciones. Recuerda que quizá no conozcas muchas de las canciones que se incluyen en este método, pero sí son muy parecidas a todas esas canciones que escuchas en la radio y en tus discos compactos.

Ojalá disfrutes tanto con este libro, como yo disfruté al escribirlo.

# CD

El disco compacto (CD) incluye todos los ejemplos completos. Primero escucharás el tema musical y la canción tocada solamente con la guitarra y luego el tema musical y la canción tocada con todo el grupo: teclados, guitarra, bajo, y batería.

Este libro esta pensado para que pronto puedas tocar en grupo, pero también para que aprendas a tocar por tu propia cuenta. Es importante entonces que practiques varias veces cada canción y la toques al mismo tiempo que escuchas el CD.

Para escuchar una canción determinada fíjate en el número que está dentro de la estrella rodeada por un círculo.

 Por ejemplo, ésta es la canción numero 4, y es el tema musical número 4 del CD. Es muy fácil, al igual que toda la música de este libro.

Te felicito por querer aprender música. Practica mucho y aprenderás.

# INSTRUMENTO

Es bueno que conozcas tu instrumento lo mejor posible. Las partes más importantes del instrumento, son las siguientes:

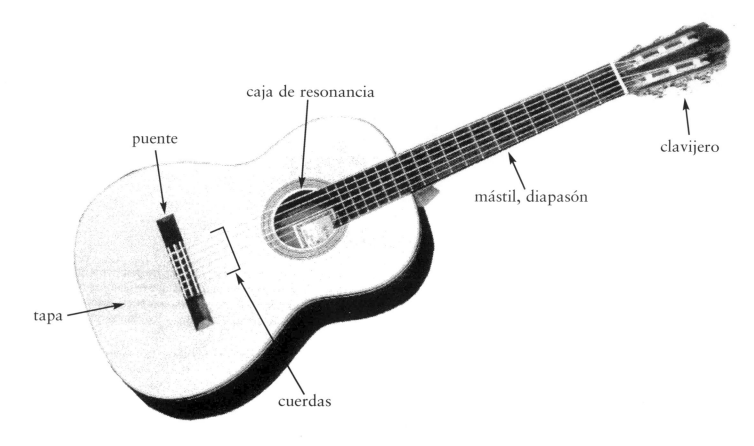

# AFINACIÓN

La afinación es el acto de afinar. Se llama afinar un instrumento a ajustarlo al tono musical correcto. Por ejemplo, la nota de LA, se debe oír igual en cualquier instrumento. El teclado electrónico, normalmente está siempre afinado de fábrica, si tocas la nota LA, se oye LA. La guitarra normalmente no viene afinada, ademas se desafina con facilidad. Para afinar la guitarra se tensan o aflojan las cuerdas. Por eso hay que afinar la guitarra igual al teclado, y el bajo, y la voz, en fin, todos los instrumentos deben de estar afinados antes de usarlos.

La afinación cuesta un poco de esfuerzo al principio por falta del oído musical. De momento, no te preocupes mucho. Pide ayuda a alguien que sepa afinar tu instrumento y practica siempre con el instrumento afinado. Incluso los pianos acústicos se tienen que afinar y para eso hay profesionales que afinan pianos. La guitarra o el bajo, son más sencillos de afinar que un piano. Trata de no tocar con el instrumento desafinado. La bateria también se afina, aun cuando no tiene tonos, si tiene sonidos y los tambores deben estar bien afinados. No te preocupes mucho si no sabes afinar tu instrumento todavía, poco a poco vas a oír mejor las diferencias entre un instrumento afinado y otro que no lo está y lo vas a poder hacer por tu cuenta. Por ahora, concéntrate en aprender a tocar el instrumento.

La 6º cuerda presionada en el 5º traste debe sonar igual que la 5º al aire.
La 5º cuerda presionada en el 5º traste debe sonar igual que la 4º al aire.
La 4º cuerda presionada en el 5º traste debe sonar igual que la 3º al aire.
La 3º cuerda presionada en el 4º traste debe sonar igual que la 2º al aire.
La 2º cuerda presionada en el 5º traste debe sonar igual que la 1º al aire.

## ⭐ ESCUCHA EL CD Y TRATA DE IGUALAR EL SONIDO DE LAS CUERDAS.

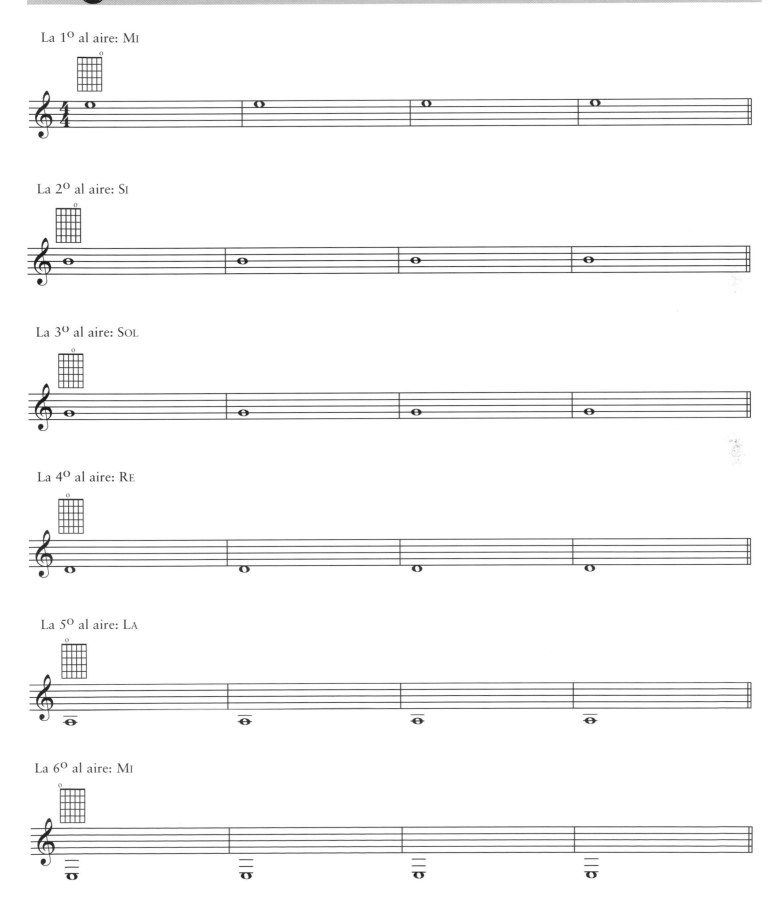

La 1º al aire: MI

La 2º al aire: SI

La 3º al aire: SOL

La 4º al aire: RE

La 5º al aire: LA

La 6º al aire: MI

## NOTAS

La música se escribe con *notas*, que son las bolitas y palitos que has visto muchas veces. En este libro vas a aprender para qué sirven las notas y cómo usarlas.

Las notas representan sonidos. Cuando ves una nota, representa un sonido. Si ves 5 notas, son 5 sonidos, y así sucesivamente. El sonido puede ser igual o diferente. Si la nota está en la misma rayita o en el mismo espacio entonces el sonido es *igual*. Si las notas van subiendo, por ejemplo una en cada línea del pentagrama, entonces cada sonido es *diferente*.

Además de sonidos iguales y diferentes. Hay sonidos *graves*, (o notas graves) Como los que hace el bajo o la tuba. También hay sonidos (o notas) *agudas*, como las del violín, la flauta, o la trompeta.

Existen también los sonidos *cortos* (que sólo duran poquito tiempo) o sonidos *largos* (que duran muuuuuuuuucho tiempo). Por eso el *tiempo* en la música es lo principal, si no existiera el tiempo, no se podría tocar música.

Las notas pueden ser iguales o diferentes. Altas o bajas. Cortas o largas.

Ésta nota es la redonda o 1 entero y dura 4 tiempos.

Ésta es la blanca o 1/2 y dura 2 tiempos, por eso hay 2 en un compás.

Ésta es la negra o 1/4, esta nota dura 1 tiempo y hay 4 en un compás.

Todas las notas se escriben en un *pentagrama*. Recuerda que para escribir música se utiliza una escritura que representa el sonido. El sonido tiene muchas cualidades, puede ser: agudo, grave, largo, corto, de poco volumen, de gran volumen, entre otros. El pentagrama se utiliza para poder representar la música por escrito.

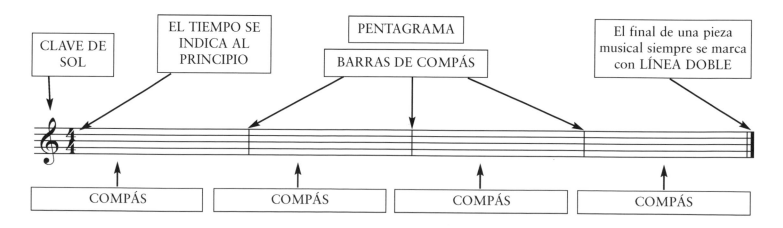

CLAVE DE SOL

EL TIEMPO SE INDICA AL PRINCIPIO

PENTAGRAMA

BARRAS DE COMPÁS

El final de una pieza musical siempre se marca con LÍNEA DOBLE

COMPÁS

COMPÁS

COMPÁS

COMPÁS

La música se divide en compases; un *compás* es la distancia que hay en medio de dos barras de compás.

El pentagrama tiene 5 líneas y 4 espacios. Las líneas se cuentan de abajo a arriba.

5 Líneas

4 Espacios

| En el compás de 4/4 hay 4 notas de 1 tiempo cada una. Se usa para baladas, boleros, y la mayor parte de la música. Es el compás más común. | En el compás de 3/4 sólo hay 3 notas y se usa para las rancheras, o vals, o música norteña de 3/4. Este compás también es muy común. | En el compás de 2/4 sólo hay dos notas. Se usa para la cumbia y música de corridos o ranchera. También se usa mucho. |
|---|---|---|

Hay más tipos de compases, pero después los aprenderás. De momento aprende estos tres.

# PRINCIPALES ESCALAS MAYORES

| Escala de Do | Escala de Sol | Escala de Re | Escala de La | Escala de Mi | Escala de Si |
|---|---|---|---|---|---|

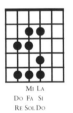 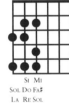   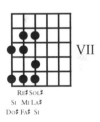

V          V          VII          VII

| Escala de Solb | Escala de Reb | Escala de Lab | Escala de Mib | Escala de Sib | Escala de Fa |
|---|---|---|---|---|---|

  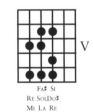 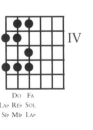 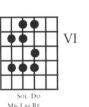 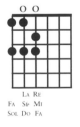

IV          IV          VI          VI

Practica estas escalas todos los días. Si lo haces, te garantizo que vas a tocar muy bien en poco tiempo.
Usa los dedos correctamente, la guitarra y la música son muy lógicas, y tienen patrones parecidos. Si practicas mucho lo descubrirás.

# LAS NOTAS EN LA GUITARRA ESTÍLO EASY MUSIC

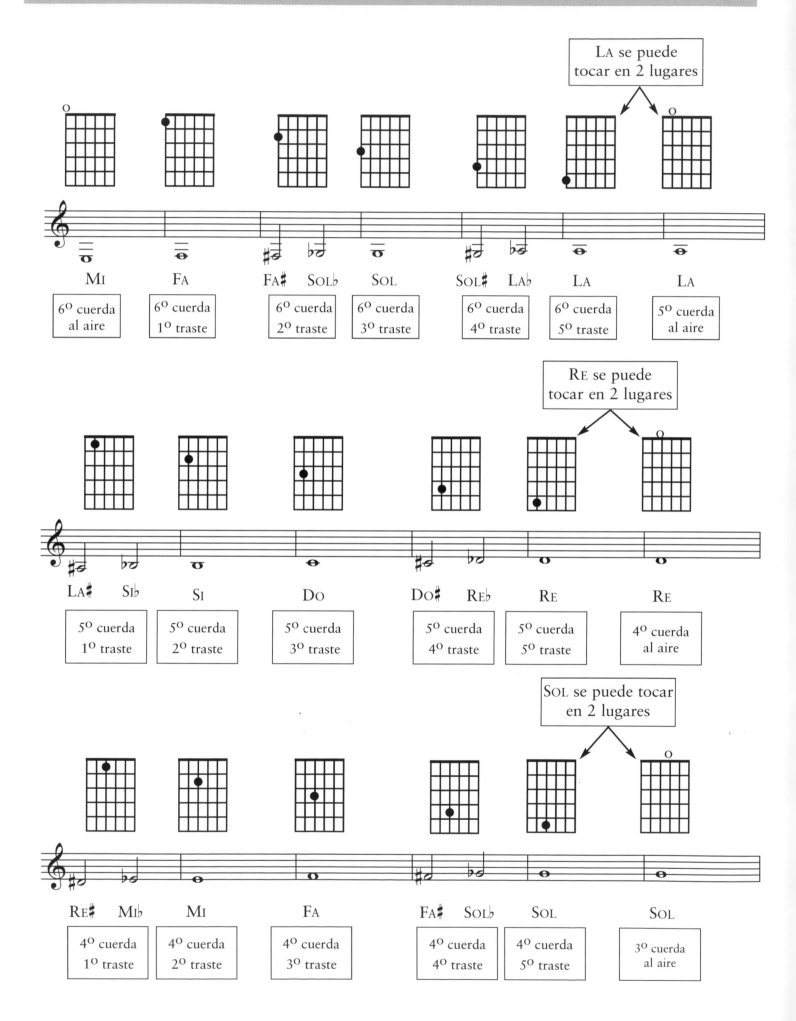

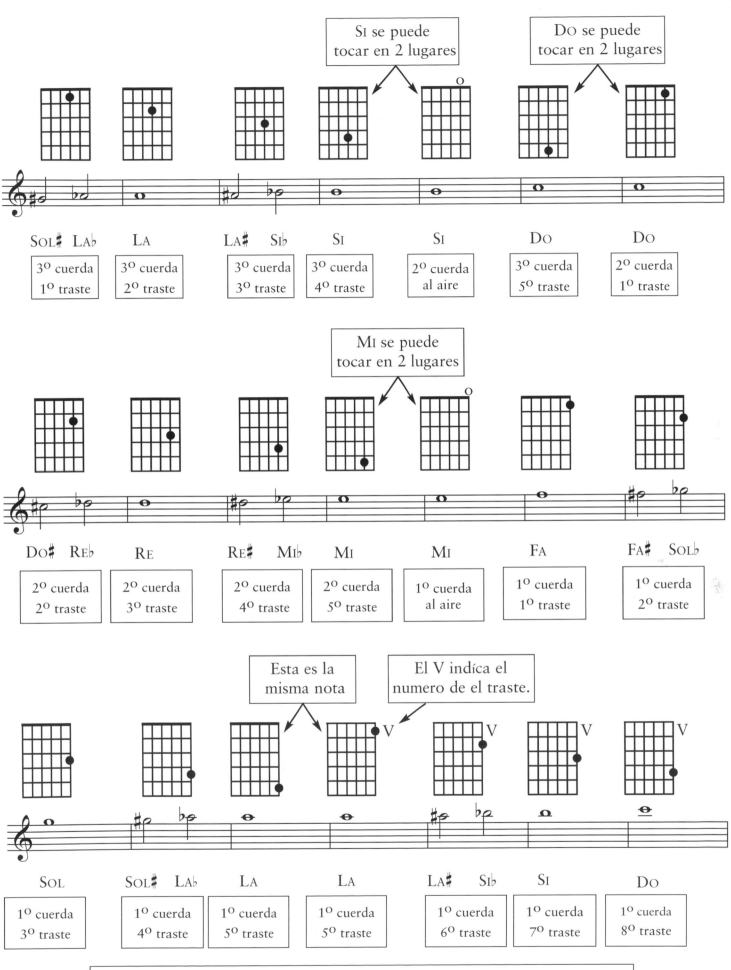

Cuanto más estudies, más aprenderás. Éstas son las notas más comunes, pero la guitarra tiene más notas. Todas las notas se pueden tocar en varios lugares del mástil de la guitarra, pero por ahora con que te aprendas éstos, es más que suficiente.

# IMPORTANTE

Para tocar una canción o acompañarla, necesitas *sentir la música*. Esto lo puedes lograr a través de la práctica y el estudio. Hay tres elementos muy importantes que forman parte de la música:

**Ritmo**
**Melodía**
**Armonía**

## RITMO

El *ritmo* es un patrón musical formado por una serie de notas o unidades que son de duración diferentes. Por ejemplo la música disco, la cumbia, o la mayoría de música bailable tienen un ritmo muy marcado. La batería es un instrumento de percusión que marca el ritmo. Más adelante vas a entender mejor lo que es el ritmo. El ritmo puede expresarse con un sólo sonido o por varios sonidos. Éste es un ejemplo de ritmo usando un sólo sonido:

## MELODÍA

La *melodía* es una sucesión de notas musicales que forman una frase musical o idea. Quiere decir que si creas un ritmo con diferentes sonidos, formas una melodía. Las melodías pueden (y deben) variar el ritmo, para que no sean monótonas o aburridas. Las melodías dependen mucho del compositor o del estilo de música del que se trate.

## ARMONÍA

La *armonía* es la comprención de las escalas y los acordes. Cuando tocas varias melodías al mismo tiempo, por ejemplo una con piano, otra con guitarra y al mismo tiempo tocas el bajo, cada instrumento va haciendo una melodía diferente (la melodía es como una tonadita). Cuando eso pasa, hay momentos en que suenan tres notas o más al mismo tiempo, y eso forma los *acordes*. La armonía es la parte de la música que estudia los acordes y cómo se deben de usar para formar progresiónes de acordes o círculos para poder así acompañar las canciones.

## CÓMO SE TOCA LA GUITARRA

Recuerda que este libro se llama *Primer Nivel*, por eso vamos a mostrar la manera más fácil posible de tocar la guitarra.

La guitarra acústica o eléctrica, se toca con las dos manos. Lo que aprendas en este libro lo podrás tocar en cualquiera de los dos tipos de guitarra. Sería imposible que en un sólo libro pudieras aprender toda la música que existe o que supieras tocar el instrumento perfectamente bien. Este libro, sin embargo, es una muy buena base.

Las notas son 7: DO-RE-MI-FA-SOL-LA-SI. Después vuelves a repetir DO si quieres continuar con el mismo orden de las notas.

Fíjate en este dibujo.

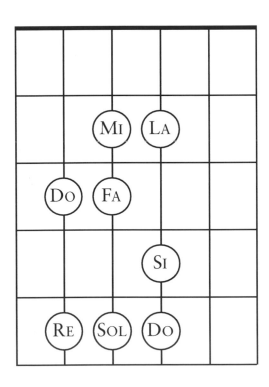

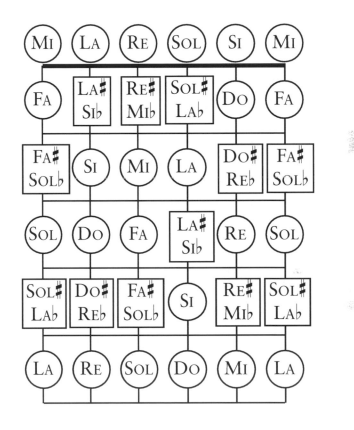

Los dedos de la mano derecha se enumeran así: pulgar índice medio anular P I M A

Los dedos de la mano izquierda se enumeran así:

*Nota: El dedo gordo de la mano izquierda no se usa porque es el que va detrás del mástil de la guitarra y sirve para apoyar la mano.

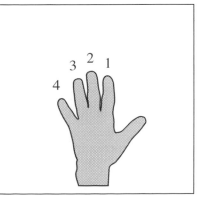

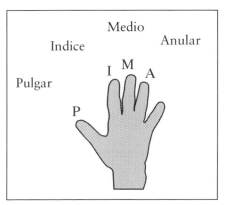

*Nota: El dedo meñique de la mano derecha casi no se usa, solamente en algunos acompañamientos, pero en este libro no lo vamos a usar.

Vamos a comenzar a tocar música inmediatamente. Vas a notar como desde la canción Nº 1 ya estás tocando en grupo. Vas a tocar tu parte en tu instrumento mientras los demás tocan el suyo y juntos van a producir la música que escuchas en el CD. Claro que la música comienza siendo muy simple en la canción Nº 1, pero al final vas a notar la diferencia. No te desanimes ni te desesperes, toca todas las canciones. Poco a poco vas a ver como puedes tocar canciones que te gustan como las que tocan tus grupos favoritos.

Lo bueno de este método es que toda la música que escuchas en el CD, esta hecha a tu medida, así que si quieres saber como tocarías de ahora hasta el final del libro, sólo tienes que escuchar el CD y te darás cuenta del progreso que vas a tener. Comenzamos con poco y terminamos con mucho. Felicidades por la compra de este libro. ¡*Ahora comenzamos a tocar música!*

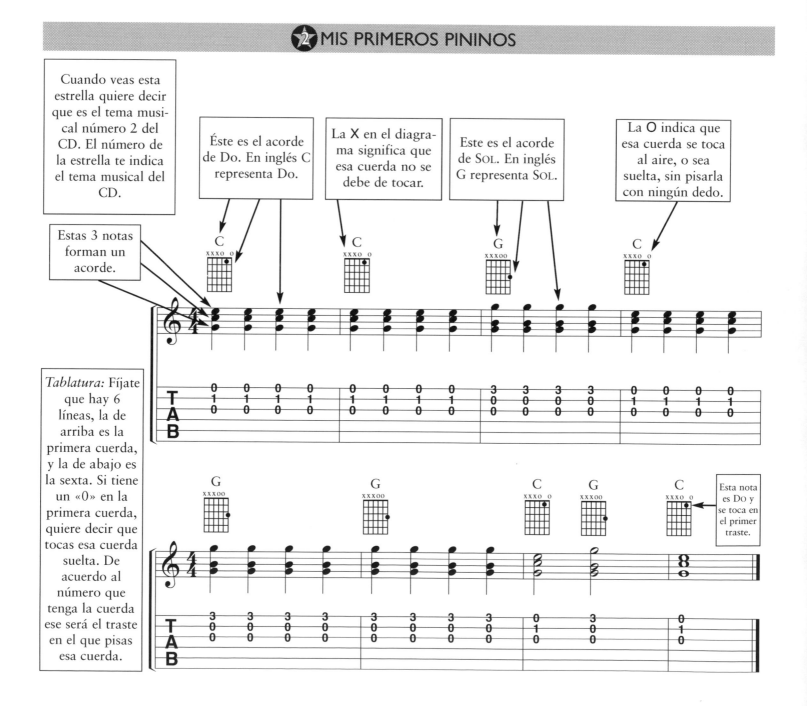

# ⭐ MIS PRIMEROS PININOS (GRUPO)

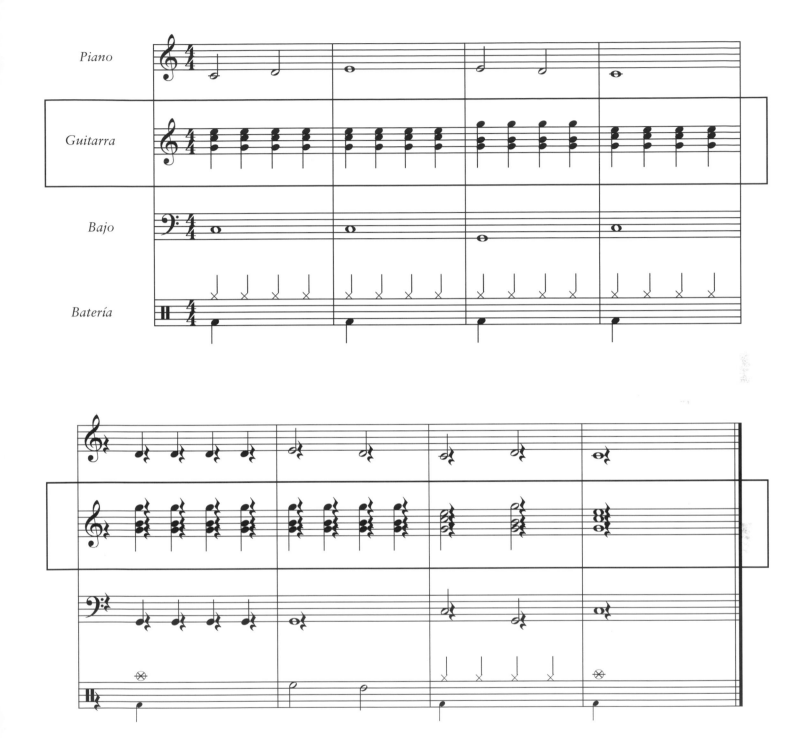

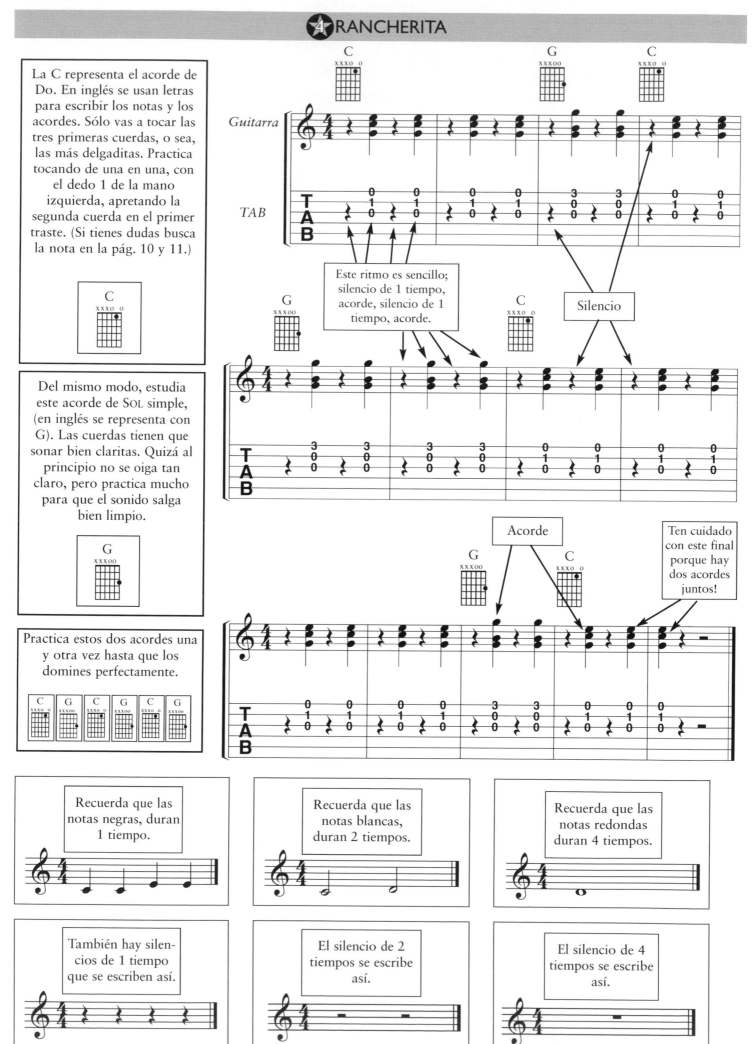

La C representa el acorde de Do. En inglés se usan letras para escribir los notas y los acordes. Sólo vas a tocar las tres primeras cuerdas, o sea, las más delgaditas. Practica tocando de una en una, con el dedo 1 de la mano izquierda, apretando la segunda cuerda en el primer traste. (Si tienes dudas busca la nota en la pág. 10 y 11.)

Del mismo modo, estudia este acorde de SOL simple, (en inglés se representa con G). Las cuerdas tienen que sonar bien claritas. Quizá al principio no se oiga tan claro, pero practica mucho para que el sonido salga bien limpio.

Practica estos dos acordes una y otra vez hasta que los domines perfectamente.

Este ritmo es sencillo; silencio de 1 tiempo, acorde, silencio de 1 tiempo, acorde.

Silencio

Acorde

Ten cuidado con este final porque hay dos acordes juntos!

Recuerda que las notas negras, duran 1 tiempo.

Recuerda que las notas blancas, duran 2 tiempos.

Recuerda que las notas redondas duran 4 tiempos.

También hay silencios de 1 tiempo que se escriben así.

El silencio de 2 tiempos se escribe así.

El silencio de 4 tiempos se escribe así.

## ⑤ RANCHERITA (GRUPO)

*Partitura General*: Una partitura general es donde se escriben todos los instrumentos, uno encima del otro. Ya viste el ejemplo en la canción anterior, aquí te explico un poco más. Lo principal es escuchar el tema musical en el CD muchas veces y poco a poco lo vas a ir entendiendo.

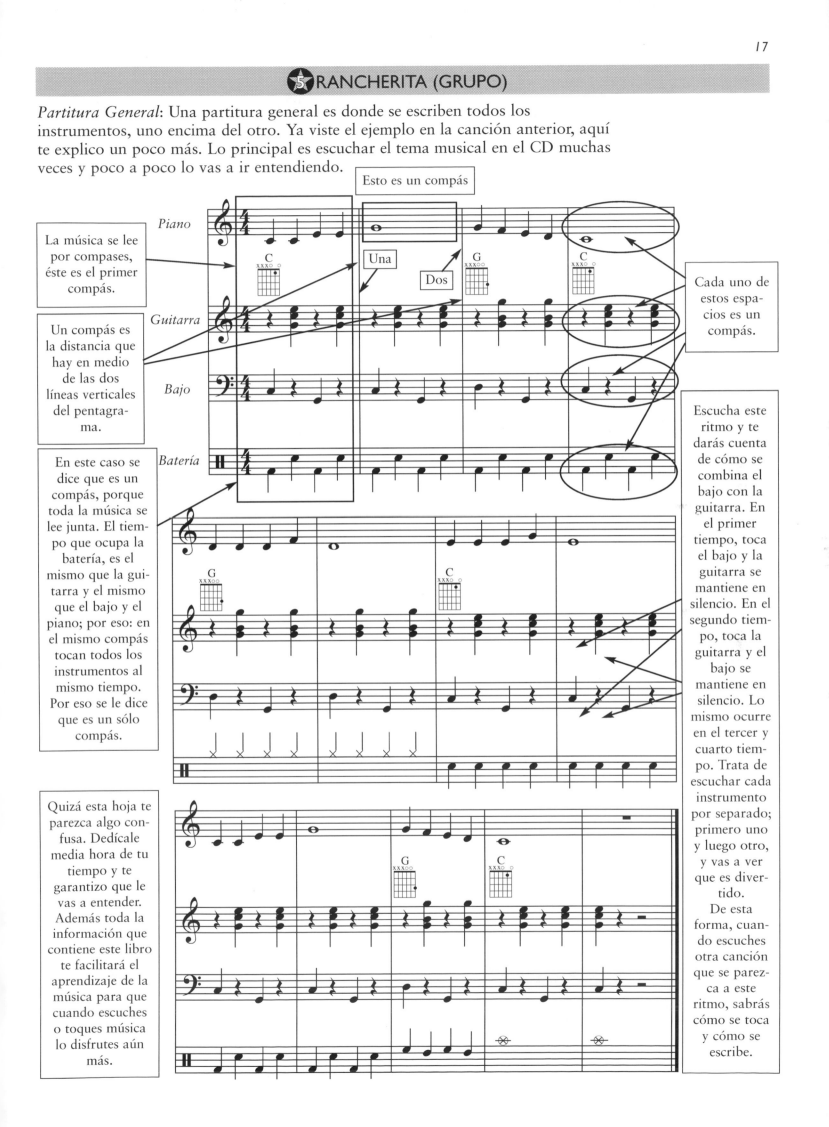

Esto es un compás

Piano

La música se lee por compases, éste es el primer compás.

Una

Dos

Un compás es la distancia que hay en medio de las dos líneas verticales del pentagrama.

Guitarra

Bajo

Batería

Cada uno de estos espacios es un compás.

Escucha este ritmo y te darás cuenta de cómo se combina el bajo con la guitarra. En el primer tiempo, toca el bajo y la guitarra se mantiene en silencio. En el segundo tiempo, toca la guitarra y el bajo se mantiene en silencio. Lo mismo ocurre en el tercer y cuarto tiempo. Trata de escuchar cada instrumento por separado; primero uno y luego otro, y vas a ver que es divertido.
De esta forma, cuando escuches otra canción que se parezca a este ritmo, sabrás cómo se toca y cómo se escribe.

En este caso se dice que es un compás, porque toda la música se lee junta. El tiempo que ocupa la batería, es el mismo que la guitarra y el mismo que el bajo y el piano; por eso: en el mismo compás tocan todos los instrumentos al mismo tiempo. Por eso se le dice que es un sólo compás.

Quizá esta hoja te parezca algo confusa. Dedícale media hora de tu tiempo y te garantizo que le vas a entender. Además toda la información que contiene este libro te facilitará el aprendizaje de la música para que cuando escuches o toques música lo disfrutes aún más.

# 6 SIMPLEMENTE TÚ

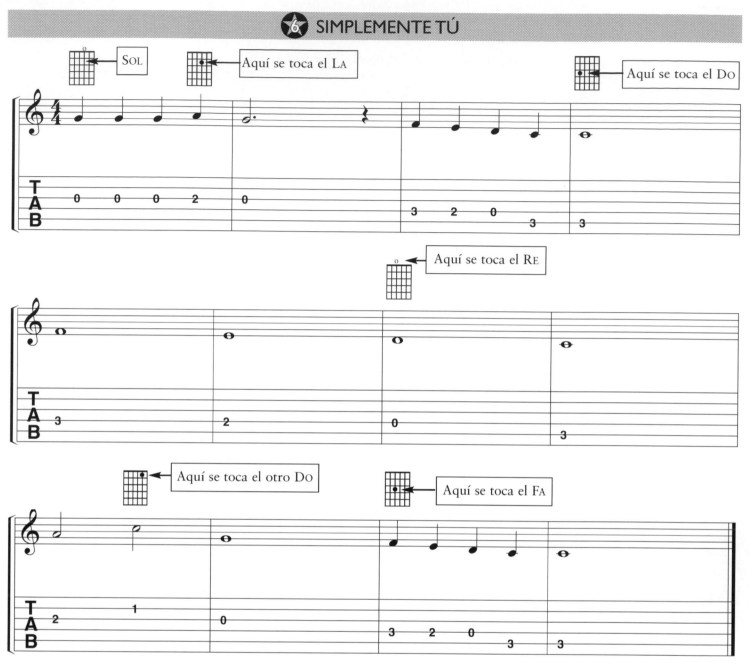

# 7 SIMPLEMENTE TÚ (GRUPO)

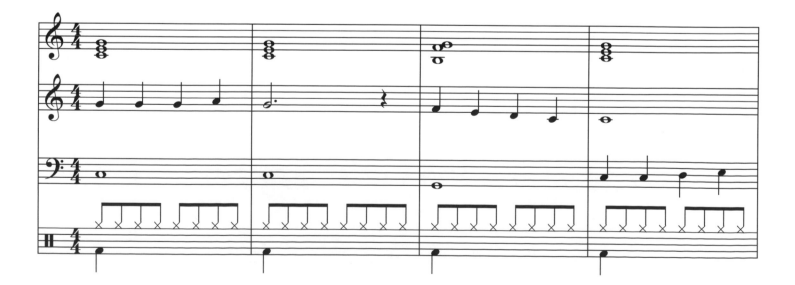

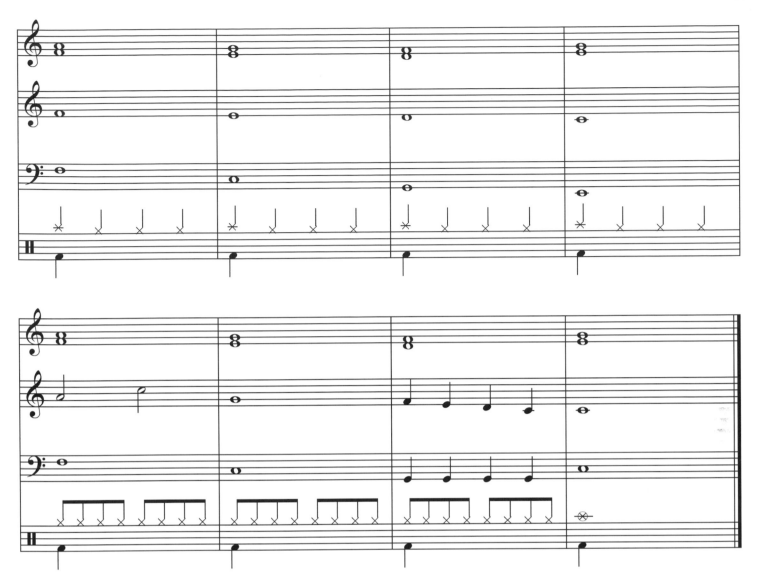

Como ya tienes una idea de cómo se lee una partitura, trata de leerla siguiendo la música con el CD. Si no lo entiendes bien, repasa las páginas anteriores. Recuerda marcar y contar el tiempo, seguir cada uno de los instrumentos, fijarte si la nota sube o baja y tocar tu instrumento junto con el grupo.

## ⑧ ESCALA DE DO

La escala de Do es la básica además de ser la primera escala que vamos a aprender. Las notas son: Do-Re-Mi-Fa-Sol-La-Si-Do. Una escala se forma con 7 notas y repitiendo la primera nota al final son 8 notas en total. Hay varios tipos de escalas, ésta es una escala *mayor*.

Si te fijas en la página 13, verás que en medio de Do y Re, hay una nota que es Do♯ o Re♭, ¿verdad? Notarás también, que en medio de Mi y Fa, no hay nada. Tampoco hay nada entre Si y Do. De esta manera se forma la escala de Do Mayor, siguiendo el orden natural de las notas.

En la música se le llama *un tono* la distancia que hay de Do a Re o de Re a Mi. Y se le dice medio tono la distancia que hay de Mi a Fa o de Si a Do.

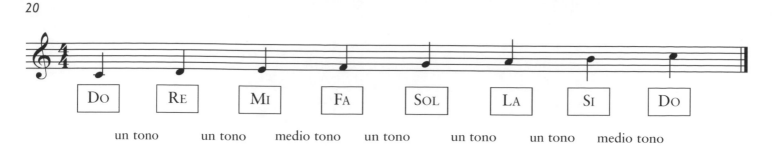

| DO | RE | MI | FA | SOL | LA | SI | DO |
|----|----|----|----|----|----|----|----|

un tono    un tono    medio tono    un tono    un tono    un tono    medio tono

Fíjate que en ese orden están las notas negras del piano. Un grupo de 2 y un grupo de 3.

Así se toca la escala de DO Mayor en la guitarra. En el circulo están los nombres de las notas, y a un lado el dedo con el que se deben de tocar.

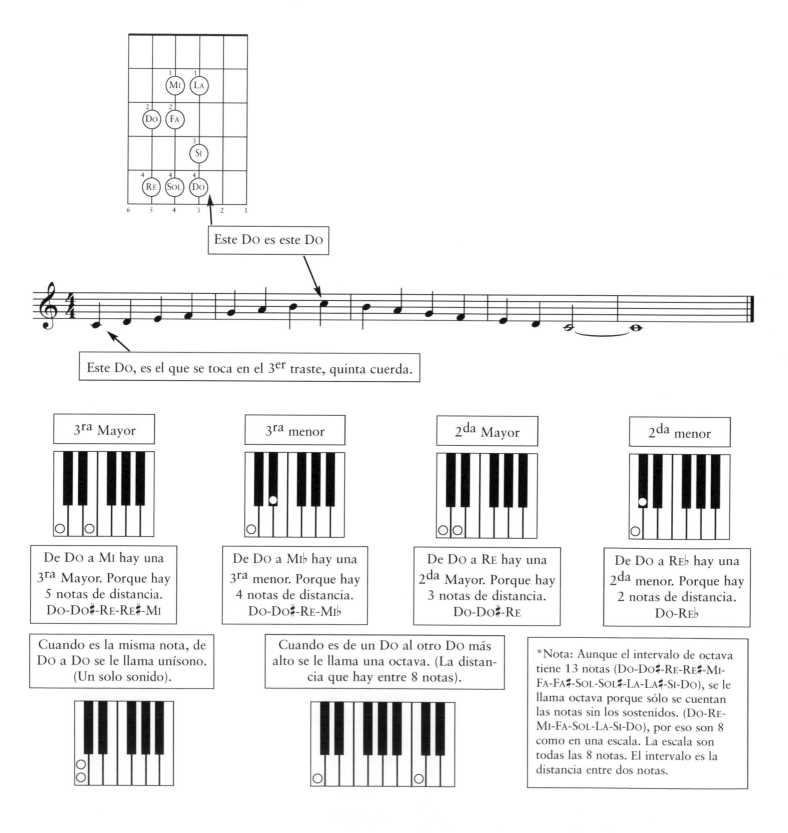

Este DO es este DO

Este DO, es el que se toca en el 3ᵉʳ traste, quinta cuerda.

**3ra Mayor**

De DO a MI hay una 3ra Mayor. Porque hay 5 notas de distancia. DO-DO#-RE-RE#-MI

**3ra menor**

De DO a MIb hay una 3ra menor. Porque hay 4 notas de distancia. DO-DO#-RE-MIb

**2da Mayor**

De DO a RE hay una 2da Mayor. Porque hay 3 notas de distancia. DO-DO#-RE

**2da menor**

De DO a REb hay una 2da menor. Porque hay 2 notas de distancia. DO-REb

Cuando es la misma nota, de DO a DO se le llama unísono. (Un solo sonido).

Cuando es de un DO al otro DO más alto se le llama una octava. (La distancia que hay entre 8 notas).

*Nota: Aunque el intervalo de octava tiene 13 notas (DO-DO#-RE-RE#-MI-FA-FA#-SOL-SOL#-LA-LA#-SI-DO), se le llama octava porque sólo se cuentan las notas sin los sostenidos. (DO-RE-MI-FA-SOL-LA-SI-DO), por eso son 8 como en una escala. La escala son todas las 8 notas. El intervalo es la distancia entre dos notas.

# ARMONÍA EN EL TECLADO

## INTERVALOS

La *armonia* se suele estudiar en el teclado. Aunque toques guitarra, los conocimientos de música se suelen estudiar en el teclado. (Si puedes comprar el libro de teclado y solfeo de esta misma serie, te van a ayudar bastante.)

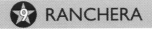 RANCHERA

En este ritmo, hay 3 tiempos en cada compás. El primer tiempo es de un silencio de 1 tiempo, el segundo tiempo lleva un acorde de 1 tiempo, el tercer tiempo lleva un acorde de 1 tiempo.

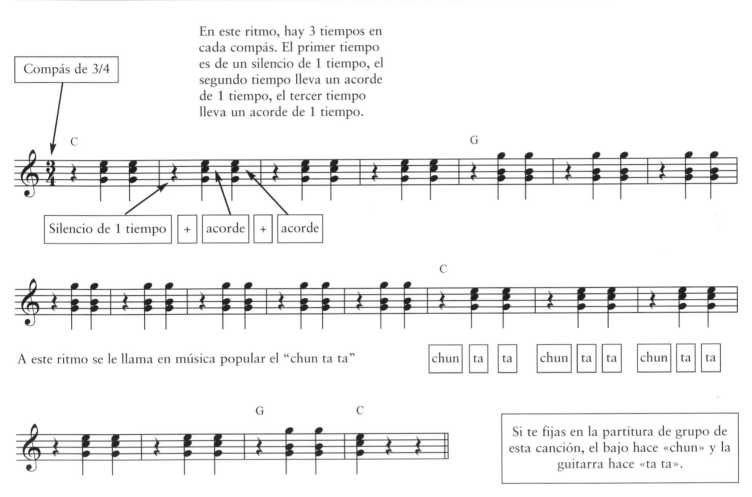

A este ritmo se le llama en música popular el "chun ta ta"

chun | ta | ta | chun | ta | ta | chun | ta | ta

Si te fijas en la partitura de grupo de esta canción, el bajo hace «chun» y la guitarra hace «ta ta».

Con todo lo que ya has leído hasta esta página, puedes poder seguir esta partitura con facilidad.

Mira y escucha lo que hace el teclado. Luego, trata de escuchar lo que hace la guitarra y de seguir al bajo y el ritmo de la batería.

Practica escuchando música de esta manera muchas veces y aprenderás bastante.

Escucha las canciones una y otra vez. No solamente toques el instrumento. El conocimiento musical requiere además de la práctica del instrumento, la comprensión de la teoría musical. Asegúrate de entender todo bien antes de seguir adelante.

# RANCHERA (GRUPO)

# TU DULCE AMOR

Esta pequeña balada es muy fácil. Observa que cuanto más estudias, más fácil es tocar canciones. Te voy a dar una pequeña ayuda para tocar las notas; pero definitivamente, tienes que aprender la posición de las notas.

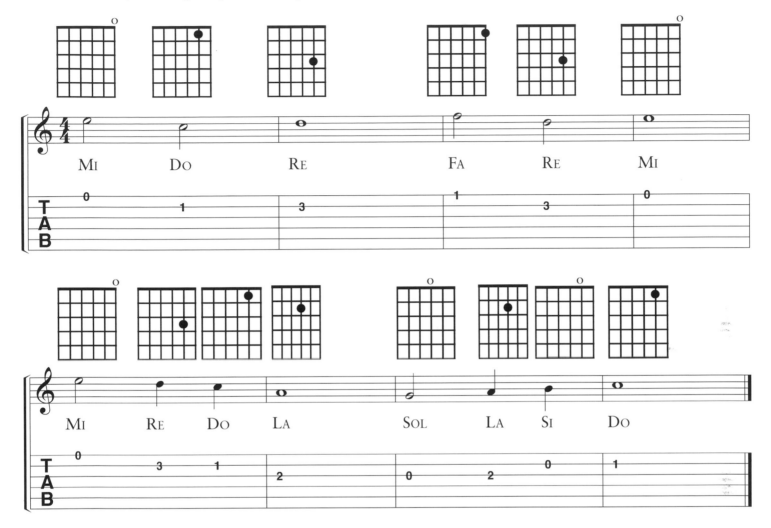

## IMPORTANTE

La mejor forma de leer las notas es ésta.

1. Memoriza el orden de todas las notas Do [Do# o Re♭] Re [Re# o Mi♭] Mi Fa [Fa# o Sol♭] Sol [Sol# o La♭] La [La# o Si♭] Si Do.
2. Fíjate si las notas que lees van hacia arriba, o hacia abajo, o si hay saltos.
3. Estudia siempre despacio. Cuanto más despacio estudies, más rápido aprenderás.
4. Practica mucho.

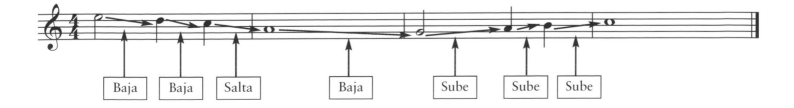

## 12 TU DULCE AMOR (GRUPO)

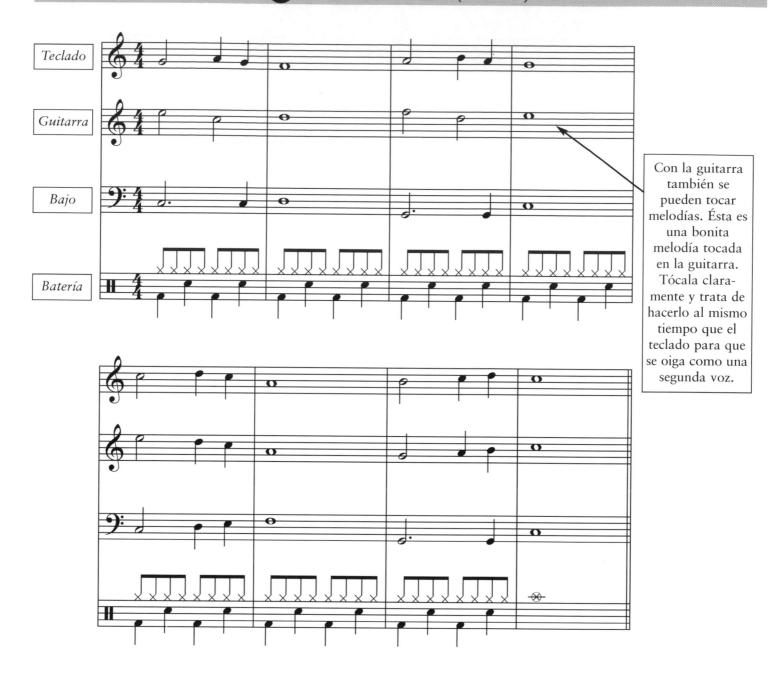

Con la guitarra también se pueden tocar melodías. Ésta es una bonita melodía tocada en la guitarra. Tócala claramente y trata de hacerlo al mismo tiempo que el teclado para que se oiga como una segunda voz.

## 13 LA ESCALA DE SOL

Así se forma la escala de SOL Mayor. Tomas como base la escala de DO Mayor, (pág. 20), y la divides en dos poniendo las últimas 4 notas en otro pentagrama más arriba. En el segundo pentagrama le agregas 4 notas para tener 8 notas; de SOL a SOL. El orden tiene que ser el mismo en las dos escalas, por eso tienes que agregar el ♯ (sostenido) al FA, para que tenga el mismo orden. Entonces resulta una nota nueva: el FA♯ (FA sostenido).

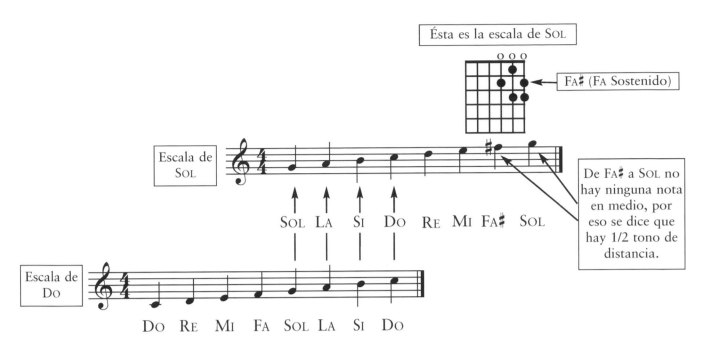

# CANCIONES QUE REPITEN

Algunas veces, cuando tocas una canción, hay partes de la música que se repiten exactamente igual. Para no tener que volver a escribir la misma música dos veces, simplemente la tocas una vez y repites lo mismo fijándote en los signos de repetición.

Cuando veas este signo ‖: Tocas la música hasta que encuentres este otro :‖ Entonces, vuelves de nuevo al signo ‖: y vuelves a repetir la misma música. Eso quiere decir que: *toda la música que esté en medio de este signo ‖: y este signo :‖ se tiene que repetir.*

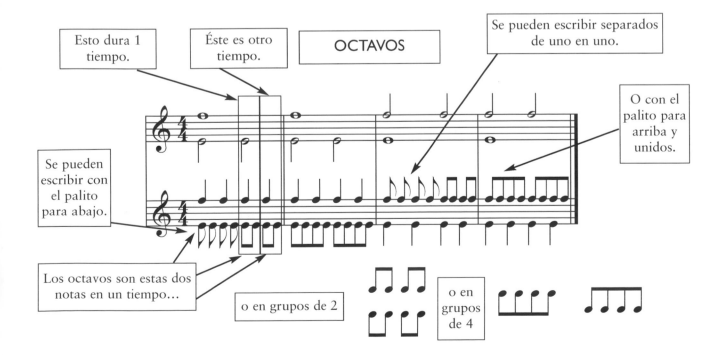

## 14 AMANECER

## 15 AMANECER (GRUPO)

Ya debes poder leer el pentagrama de esta canción más o menos bien. Sigue
escuchando el CD y practica mucho.

## 16 SOLAMENTE DOS VECES

Éstas son las notas que vas a tocar en esta canción, fíjate que solo usas las cuerdas
más delgaditas de la guitarra, porque son notas altas o agudas.

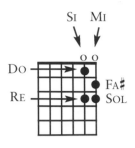

En el pentagrama las notas están en la parte de arriba, mientras que en la guitarra
se ven como si estuvieran abajo. En realidad están arriba porque las notas se
refieren al sonido.

## 17 SOLAMENTE DOS VECES (GRUPO)

*¡Ya vas progresando! ¡Muchas felicidades! ¡Sigue adelante!*

## 18 EL CHA CHÁ

En esta canción vas a combinar la melodía con el acorde. La primera parte es de melodía, ritmos largos con la *ligadura* y notas cortas con los 2 octavos. En la segunda parte los acordes, en los tiempos 2 y 4, junto con la tarola de la batería. Observa que vuelves a repetir toda la canción como indican los signos de repetición que hay al principio y al final de la partitura. Éstas son las notas que vas a usar en la melodía.

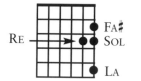

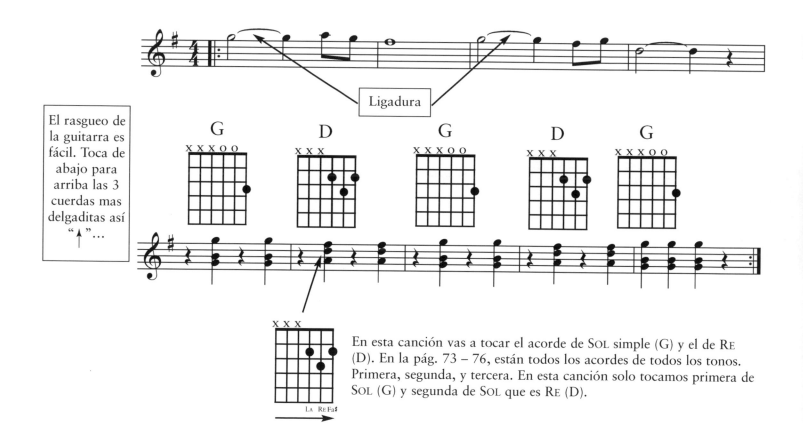

Ligadura

El rasgueo de la guitarra es fácil. Toca de abajo para arriba las 3 cuerdas mas delgaditas así "↑"...

En esta canción vas a tocar el acorde de Sol simple (G) y el de Re (D). En la pág. 73 – 76, están todos los acordes de todos los tonos. Primera, segunda, y tercera. En esta canción solo tocamos primera de Sol (G) y segunda de Sol que es Re (D).

# EL CHA CHÁ (GRUPO)

Para evaluarte a ti mismo, trata de leer y tocar la melodía que hace el piano. ¡Inténtalo, yo sé que puedes! Con las notas que aprendiste en la página 20, vas a poder tocar las notas del teclado. Si sabes música, vas a poder tocar cualquier partitura escrita. ¡Inténtalo y verás que fácil es! ¡Por eso este método se llama Música fácil!

# CANCIONES CON ANACRUSA

**20 TODO POR TI**

G

Éste es el acorde completo de SOL (G). En la página 73 vas a encontrar la mayoría de los acordes completos que vas a tocar. El rasgueo en esta canción es de abajo para arriba tocando todas las cuerdas hacia el piso. Haz que se oigan claramente todas las cuerdas.

SOL SI RE SOL SI SOL

D

Este Do es este Do.

Éste es el acorde de RE (D) completo. El rasgueo se hace tocando solamente las 5 cuerdas de arriba para abajo. (La sexta cuerda, la más gordita, no se toca).

LA RE LA RE FA♯

VIII

Este Do es este Do.

# ANACRUSA

La anacrusa ocurre cuando la música no comienza en el primer tiempo. Empiezas a contar y comienzas a tocar antes del primer tiempo del siguiente compás.

Éstas son las notas que se van a usar en esta canción. Se muestra solamente la melodía. Seguramente que ya conoces los acordes.

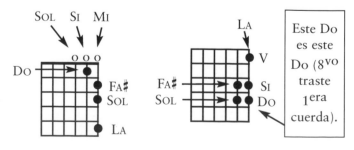

SOL SI MI

DO

FA♯
SOL

LA

LA

V

FA♯
SOL

SI
DO

Este Do es este Do (8ᵛᵒ traste 1ᵉʳᵃ cuerda).

## 21 TODO POR TI (GRUPO)

Cuando lees música, viendo la partitura general, es como probar una comida, con la receta exacta de los ingredientes. Si a uno le gustó la comida, es muy fácil volverla a hacer. Pero si no vemos la receta, solamente vamos a estar adivinando lo que tiene. Ocurre lo mismo con la música. Sin ver las notas, sólo adivinamos lo que es. Si todavía no hemos desarrollado el oído musical, no vamos a saber cuáles notas son. Por eso es bueno acostumbrarse a leer la música, escuchar y ver las notas al mismo tiempo. Si lo haces vas a aprender música mucho más rápido.

## NEGRA CON PUNTILLO

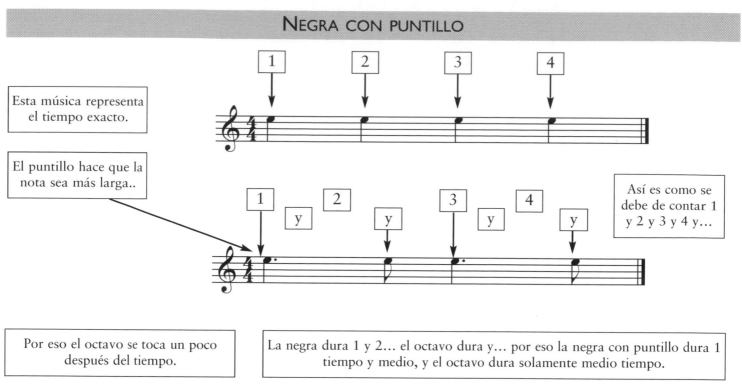

Esta música representa el tiempo exacto.

El puntillo hace que la nota sea más larga..

Así es como se debe de contar 1 y 2 y 3 y 4 y…

Por eso el octavo se toca un poco después del tiempo.

La negra dura 1 y 2… el octavo dura y… por eso la negra con puntillo dura 1 tiempo y medio, y el octavo dura solamente medio tiempo.

## 22 NO COMPRENDO

El título de la canción es *No comprendo*. Creo que para estas alturas, ya comprendes muy bien lo que debes hacer. Conoces la *ligadura*, que alarga el sonido. Ya sabes lo que es la *anacrusa*, cuando empiezas antes del primer tiempo. Ya has visto el ritmo de *negra con puntillo*. Comprendes lo que son las notas, los tiempos, *etc*. Entonces, ¡a tocar esta canción! Estoy seguro que puedes decir: «sí comprendo».

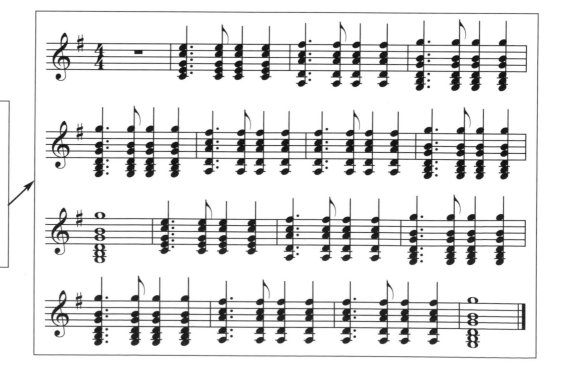

Una pequeña aclaración en cuanto a la escritura de la guitarra. Normalmente la partitura de la guitarra se escribe así. Pero son muchas bolitas y palitos lo que puede resultar confuso. Por eso hay un sistema más sencillo que se llama cifrado.

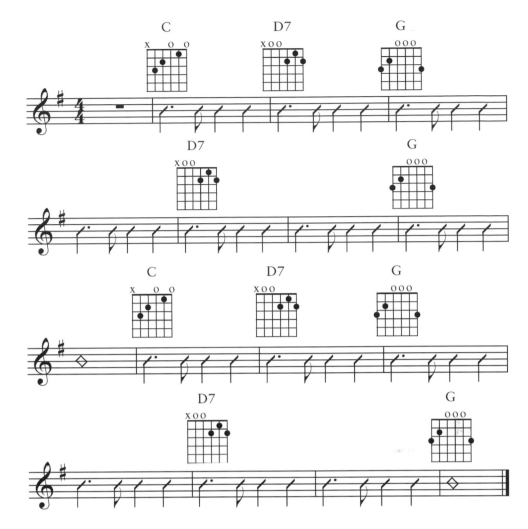

El cifrado se usa mucho en la música popular. Se supone que la persona que va a usar este sistema conoce ya los acordes, por eso, sólo se escribe el ritmo de la música, y el nombre de los acordes encima. De esta manera, se puede acompañar la canción siguiendo los acordes y el ritmo. La ventaja de este sistema es que es más claro y mas fácil de leer. También proporciona la oportunidad de usar la improvisación, que es algo muy bonito en la música. Es decir, el rasgueo lo puedes hacer para abajo o para arriba, ¡depende tu gusto!

## 24 CÍRCULO DE DO

Un *circulo* es una progresión; es decir un acorde y luego otro y otro y otro, así, hasta repetir el primero otra vez. El *círculo de Do* es muy común, y se usa en miles de canciones. Toca estos acordes en este orden y verás que la sucesión se parece a muchas canciones que ya has oído.

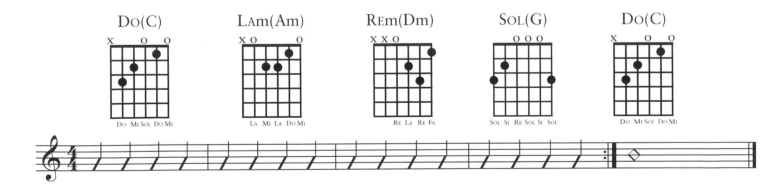

## 23 NO COMPRENDO (GRUPO)

Casi puedo asegurar que has dicho «sí comprendo» esta partitura, ¿verdad?

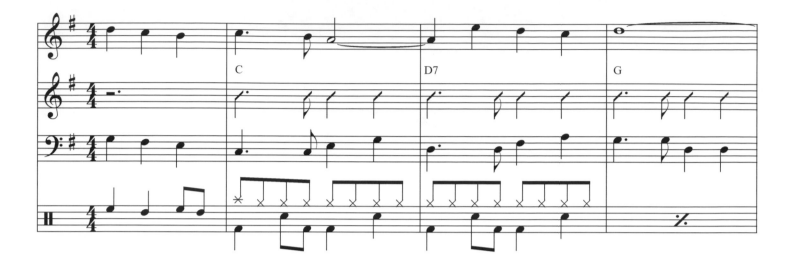

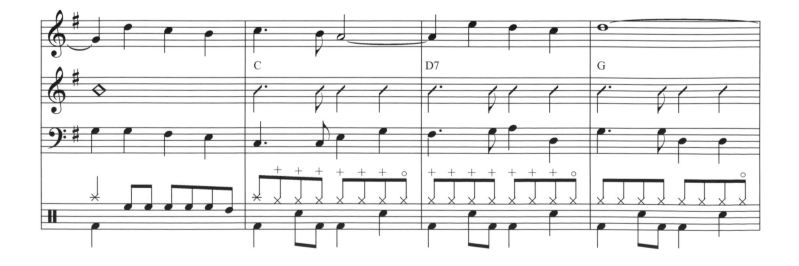

## 25 LA ESCALA DE RE

Así se forma la escala de RE mayor. Tomas como base la escala de SOL mayor, y la divides en dos poniendo las ultimas 4 notas en otro pentagrama más arriba. En el segundo pentagrama le agregas 4 notas para tener 8 notas, de RE a RE. El orden tiene que ser el mismo en las dos escalas, por eso, tienes que agregar el ♯ (sostenido) al Do, para que tenga el mismo orden. Entonces resulta una nota nueva: el Do♯ (Do sostenido).

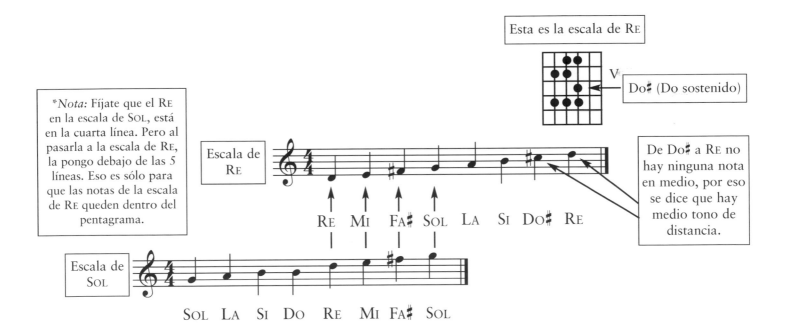

# NIVEL INTERMEDIO

## 26 BACH NORTEÑO

Ya estás en el nivel intermedio. Esto quiere decir que ahora las canciones serán un poco más largas y con más notas. Esta canción está en el tono de Do. ¡Dale duro y practica mucho!

Esta canción se compuso hace más de 300 años y todavía se toca. *¿Opina?*

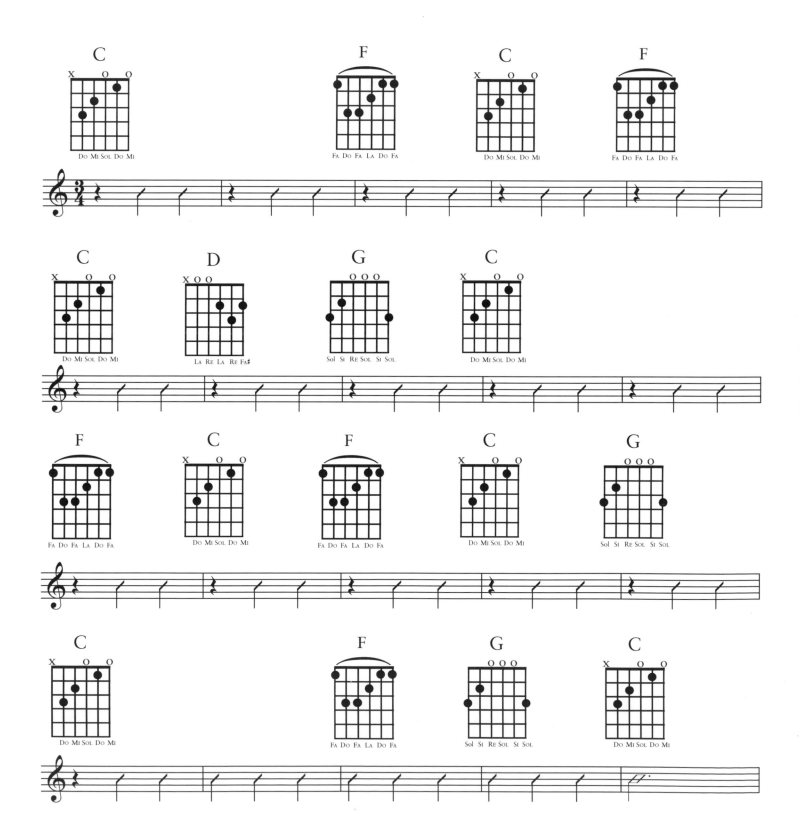

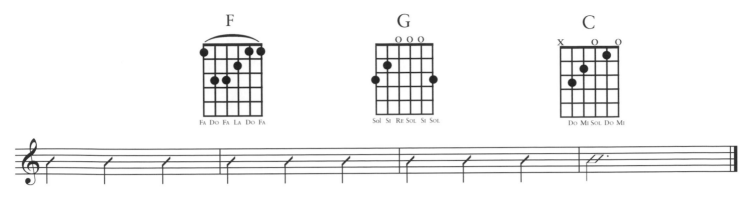

## 27 BACH NORTEÑO (GRUPO)

¿Te das cuenta como cada vez es más fácil leer las notas y ver la partitura completa? No es tan difícil como pensabas, ¿verdad? Bueno, pues esto es lo que te va a enseñar a oír y leer música y, por supuesto, a tocar. Trata de tocar con tu instrumento la melodía y las notas de todos los demás. Para la batería puedes hacer el sonido con la voz. ¡Recuerda escuchar el CD una y otra vez!

## 28 CÍRCULO DE SOL

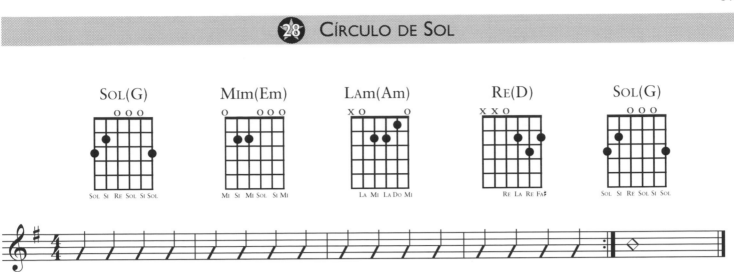

## 29 UN VELERO EN CHAPALA

Acorde de Do simple

Acorde de FA simple

Éste es un acorde de SOL. Ten cuidado de no tocar las cuerdas marcadas con X. Toca sólo las tres cuerdas que pisas: la cuarta, la tercera, y la segunda. El rasgueo de los acordes es hacia el piso.

## 30 UN VELERO EN CHAPALA (GRUPO)

Ésta es la partitura completa de la canción. Analízala y trata de ver lo que hace cada uno de los instrumentos. La guitarra comienza tocando acordes para luego pasar a tocar la melodía.

## 🌐 LA ESCALA DE LA

Así se forma la escala de LA. Tomas como base la escala de RE Mayor, (pág. 35), y la divides en dos. Pones las ultimas 4 notas en otro pentagrama más arriba. En el segundo pentagrama le agregas 4 notas para tener 8 notas, de LA a LA. El orden tiene que ser el mismo en las dos escalas, por eso tienes que agregar el ♯ (sostenido) al SOL, para que tenga el mismo orden. Entonces resulta una nota nueva: el SOL♯ (SOL sostenido). Acuerdate del orden de los escalas mayores: un tono, un tono, medio tono, un tono, un tono, un tono, y medio tono.

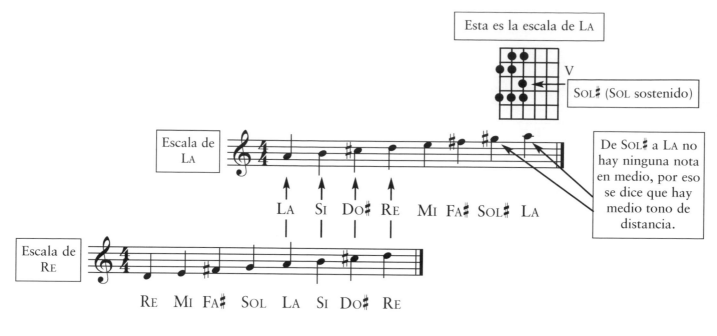

Esta es la escala de LA

SOL♯ (SOL sostenido)

Escala de LA

De SOL♯ a LA no hay ninguna nota en medio, por eso se dice que hay medio tono de distancia.

LA SI DO♯ RE MI FA♯ SOL♯ LA

Escala de RE

RE MI FA♯ SOL LA SI DO♯ RE

## 32 VOLVERÉ OTRA VEZ

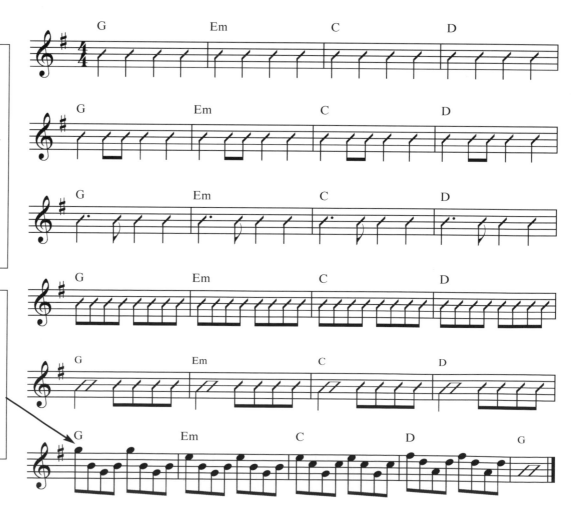

Aquí se usa el círculo de SOL. Cada 4 compases la música es un poco diferente, va variando el ritmo. A este tipo de música se le llama variaciones y es muy popular en la música. A estas alturas ya debes de conocer perfectamente lo que tienes que hacer. ¡Practica mucho!

Esto es un acorde tocado cuerda por cuerda y se le llama *arpegio*. Pisa las cuerdas del acorde como lo has venido haciendo, pero en lugar de tocar todas las cuerdas juntas, toca las cuerdas una por una.

43

## 33 VOLVERÉ OTRA VEZ (GRUPO)

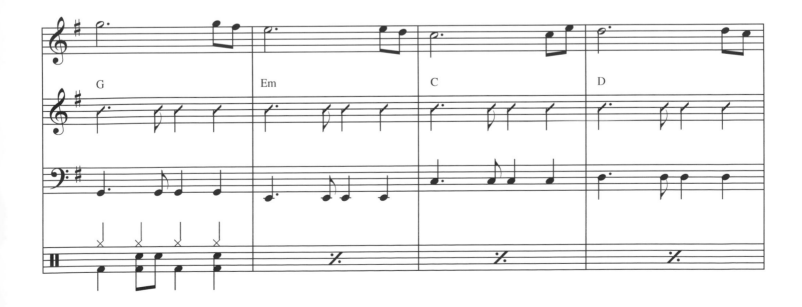

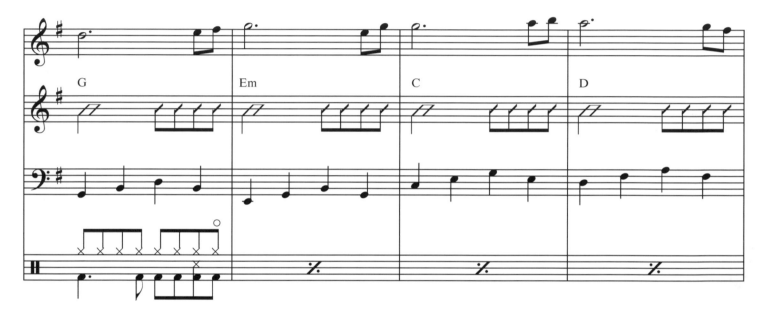

Este es un buen ejemplo de variaciones. Escúchalo varias veces. Después, vas a poder tocar melodías diferentes de las que están aquí. *¡Enhorabuena por llegar hasta aquí!*

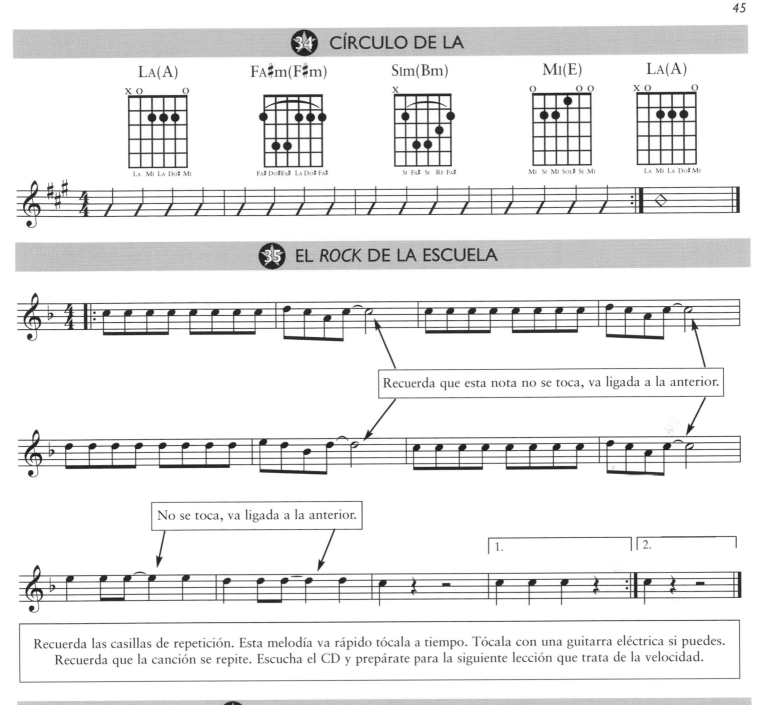

## 34 CÍRCULO DE LA

**LA(A)** **FA♯m(F♯m)** **SIm(Bm)** **MI(E)** **LA(A)**

## 35 EL *ROCK* DE LA ESCUELA

Recuerda que esta nota no se toca, va ligada a la anterior.

No se toca, va ligada a la anterior.

Recuerda las casillas de repetición. Esta melodía va rápido tócala a tiempo. Tócala con una guitarra eléctrica si puedes. Recuerda que la canción se repite. Escucha el CD y prepárate para la siguiente lección que trata de la velocidad.

## 28 EL *ROCK* DE LA ESCUELA (GRUPO)

Como puedes ver, ya vas muy adelantado. ¿Verdad que no te imaginabas que ibas a leer y entender la música tan rápidamente? ¡Atrévete con la siguiente lección sobre la velocidad!

# VELOCIDAD

Cualquier persona puede tocar un instrumento musical. Cualquiera puede tocar la canción más difícil del mundo siempre y cuando la canción se toque de forma exageradamente *lenta*. El problema está cuando hay que tocarla *a la velocidad que indica el tiempo*. La *velocidad* es un factor muy importante cuando se quiere tocar un instrumento. La única manera de obtener velocidad es a través de la *repetición* y la *práctica*.

Ya debes de poder tocar más o menos bien las siguientes canciones. Vamos a poner la canción *lenta* primero con el instrumento solo, y luego lenta con el grupo. Después viene la canción *rápida* con el instrumento solo, y por último rápida en grupo. De esa forma vas a notar que a medida que la velocidad sube, cuesta más trabajo tocar la canción.

Algunas canciones se van a oír mejor rápido que lento, o al revés. La idea es que toques lo mismo de las dos maneras para que notes la diferencia.

Otro punto importante son los *ritmos diferentes*, es decir: *Norteño, Rock, balada, Banda, Mariachi,* y *Grupero*. De esa manera, puedes ver qué diferente es el uno del otro, y como tocar cada uno de ellos. Fíjate que algunas veces para que una canción se oiga más «completa» utilizas más instrumentos. En los estudios de grabación se puede «doblar» un instrumento; lo cual quiere decir que una persona toca un instrumento para que luego la misma persona toque en otro canal el mismo instrumento, así se oyen los dos instrumentos tocados por una sola persona. En esta lección tocas una vez con un instrumento y luego con otro. De esa forma, puedes tocar casi todo lo que hay en la canción.

*Improvisa*; inventa cosas de acuerdo a lo que sabes. *Experimenta* con los ritmos y las melodías. Trata de tocar diferentes melodías en la misma canción. Por supuesto no olvides ¡*Practicar, practicar y practicar*!

## ACENTOS

Los *acentos* en la música quiere decir que el ritmo se corta en lugares adecuados para darle más importancia a ciertas partes de la música. En este compás de 4/4 por ejemplo hay un silencio en el segundo tiempo.

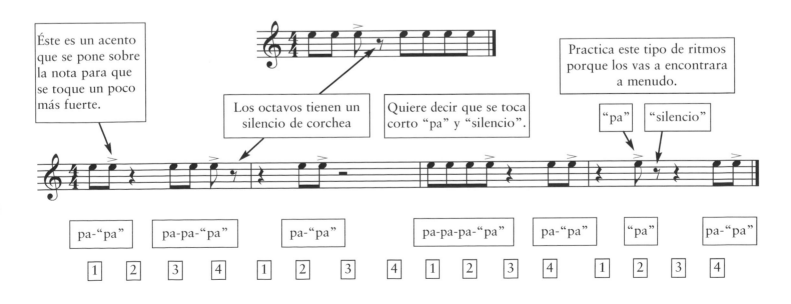

48

## 37 39 NORTEÑA DE MIS AMORES

Fíjate en la armadura, está en tono de LA, todas las notas de FA, DO y SOL son sostenidas (♯).

La velocidad de una canción se marca así, en este caso es=114.

En algunos libros y en alguna escritura popular, sólo escribe unas raya oblicua en lugar de la nota que marca el ritmo, sin el palito o «plica» como se le llama.

Si no te acuerdas de algún acorde, búscalo en las páginas 73 a 76 donde hay una lista de todos los acordes.

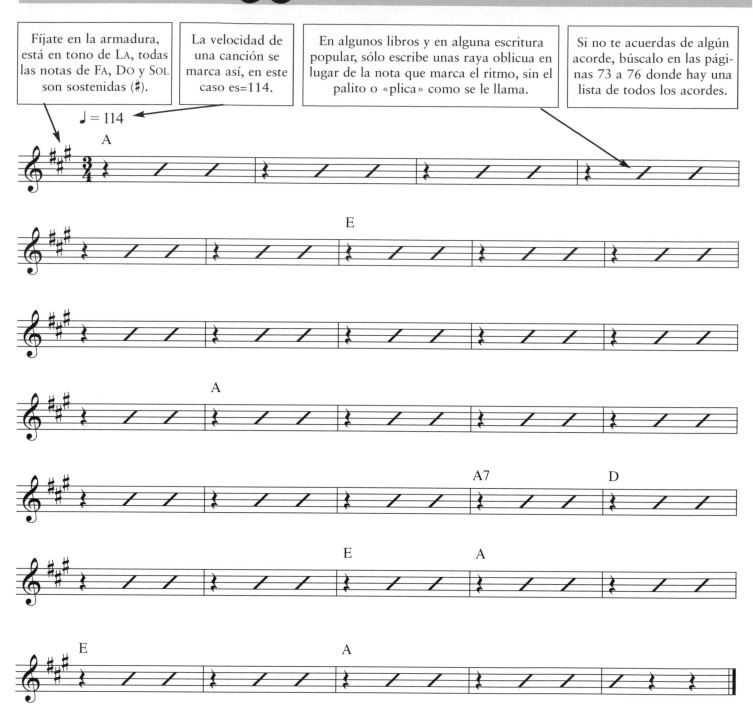

Vas a tocar esta canción dos veces. Una vez despacio a baja velocidad, más o menos a 114 del metrónomo. Toca despacio primero para que sientas el ritmo y lo toques bien. Después que la hayas tocado bien varias veces, la vas a tocar más rápido, a 170. Vas a notar como te cuesta un poco más de trabajo, lo que es normal. Cuanto más rápido toques una canción, más trabajo te cuesta porque los dedos tienen que moverse con mayor rapidez. Si practicas mucho lo podrás tocar fácilmente.

Vas a tocar todas las canciones que siguen dos veces; una vez lento y otra rápido. Vas a ver como tocas mejor cada vez. ¡Sigue con la práctica!

## NORTEÑA DE MIS AMORES (GRUPO)

Los dos temas musicales del CD muestran la misma música. Una vez es a una velocidad de 114 y la otra a 170, pero es la misma música.

## 🎵 LA ESCALA DE FA

Así se forma la escala de FA Mayor. Tomas como base la escala de Do Mayor, y la divides en dos. Pones las primeras 4 notas en otro pentagrama más abajo. En el segundo pentagrama le agregas 4 notas para abajo para completar 8 notas, de FA a FA. El orden tiene que ser el mismo en las dos escalas, por eso tienes que agregar el ♭ (bemol) al SI, para que tenga el mismo orden. Entonces resulta una nota nueva: el SI♭ (SI bemol).

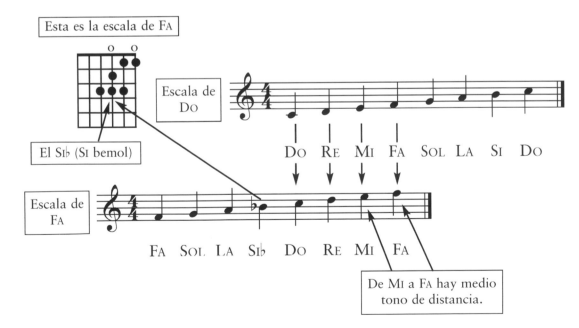

Esta es la escala de FA

Escala de Do

El SI♭ (SI bemol)

DO  RE  MI  FA  SOL  LA  SI  DO

Escala de FA

FA  SOL  LA  SI♭  DO  RE  MI  FA

De MI a FA hay medio tono de distancia.

42 44 EL *ROCK* DE LA PIEDRA

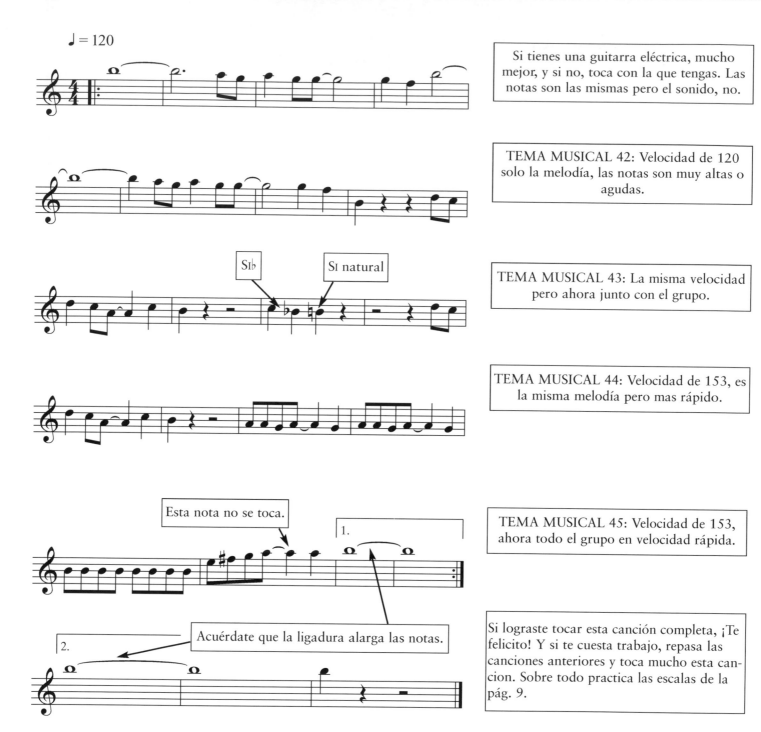

♩ = 120

Si tienes una guitarra eléctrica, mucho mejor, y si no, toca con la que tengas. Las notas son las mismas pero el sonido, no.

TEMA MUSICAL 42: Velocidad de 120 solo la melodía, las notas son muy altas o agudas.

Sɪ♭

Sɪ natural

TEMA MUSICAL 43: La misma velocidad pero ahora junto con el grupo.

TEMA MUSICAL 44: Velocidad de 153, es la misma melodía pero mas rápido.

Esta nota no se toca.

1.

TEMA MUSICAL 45: Velocidad de 153, ahora todo el grupo en velocidad rápida.

Acuérdate que la ligadura alarga las notas.

2.

Si lograste tocar esta canción completa, ¡Te felicito! Y si te cuesta trabajo, repasa las canciones anteriores y toca mucho esta canción. Sobre todo practica las escalas de la pág. 9.

# 43 45 EL *ROCK* DE LA PIEDRA (GRUPO)

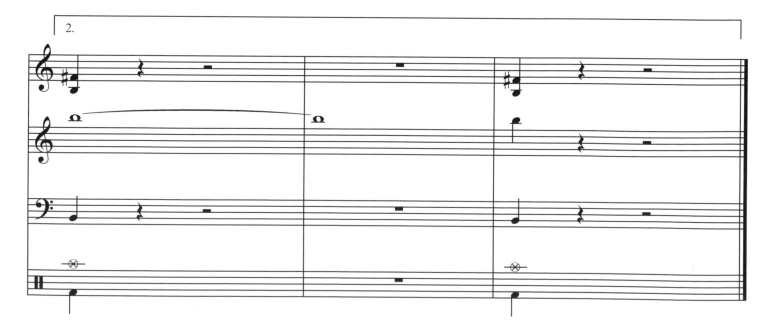

## 46 LA ESCALA DE SI♭

Así se forma la escala de SI♭ Mayor. Tomas como base la escala de FA Mayor y la divides en dos. Pones las primeras 4 notas en otro pentagrama más abajo. En el segundo pentagrama le agregas 4 notas para abajo, lo que hacen 8 notas; de SI♭ a SI♭. El orden tiene que ser el mismo en las dos escalas, por eso tienes que agregar el ♭ (bemol) al MI, para que tenga el mismo orden. Entonces resulta una nota nueva: el MI♭ (MI bemol).

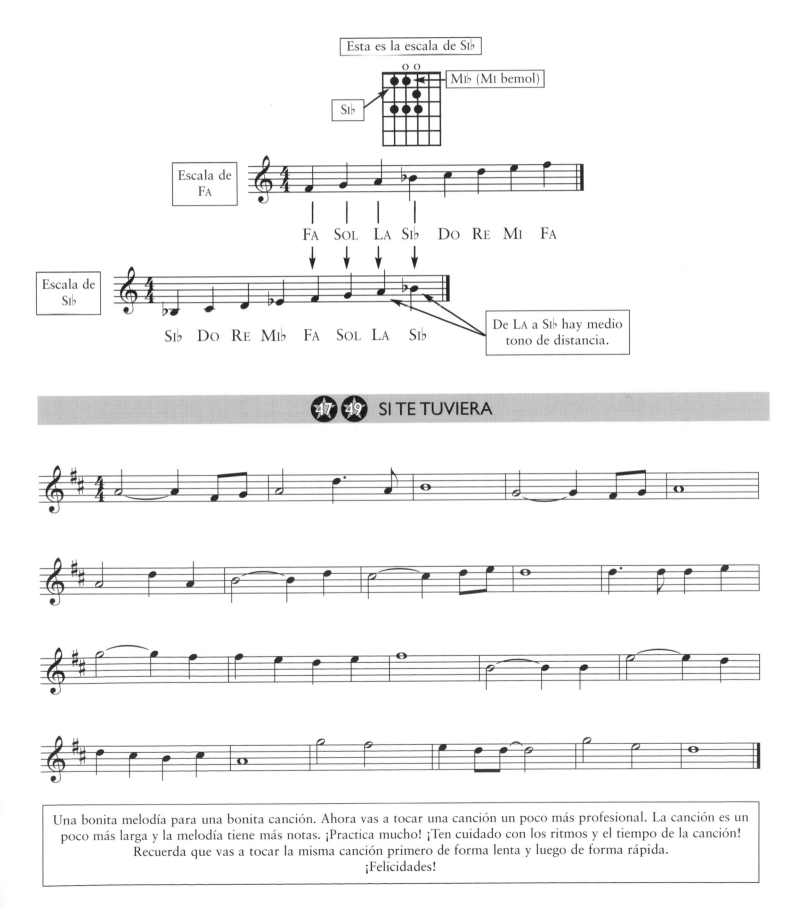

## 47 49 SI TE TUVIERA

Una bonita melodía para una bonita canción. Ahora vas a tocar una canción un poco más profesional. La canción es un poco más larga y la melodía tiene más notas. ¡Practica mucho! ¡Ten cuidado con los ritmos y el tiempo de la canción! Recuerda que vas a tocar la misma canción primero de forma lenta y luego de forma rápida.
¡Felicidades!

## 49 SI TE TUVIERA

Ahora vas a tocar a velocidad de 129. Seguramente habrás notado que cuanto más rápido se toca algo, se hace más difícil. La única manera de poderlo tocarlo bien, es practicando.

## 48 50 SI TE TUVIERA (GRUPO)

Fíjate que en esta partitura, hay más pentagramas porque hay más instrumentos y el piano ocupa 2 pentagramas (mano derecha y mano izquierda). Lee con atención y practica leyendo muchas veces.
¡Felicidades a todos los que han llegado hasta este nivel!

**51 53 VOLVERÉ CON LA BANDA**

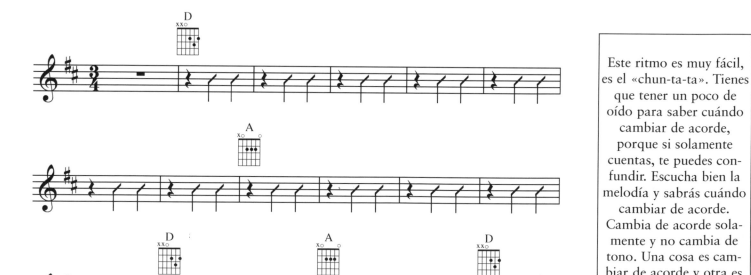

Este ritmo es muy fácil, es el «chun-ta-ta». Tienes que tener un poco de oído para saber cuándo cambiar de acorde, porque si solamente cuentas, te puedes confundir. Escucha bien la melodía y sabrás cuándo cambiar de acorde. Cambia de acorde solamente y no cambia de tono. Una cosa es cambiar de acorde y otra es cambiar de tono. Toda la canción está en el tono de RE, pero usa varios acordes. Por eso cambia a varios acordes pero dentro del mismo tono.

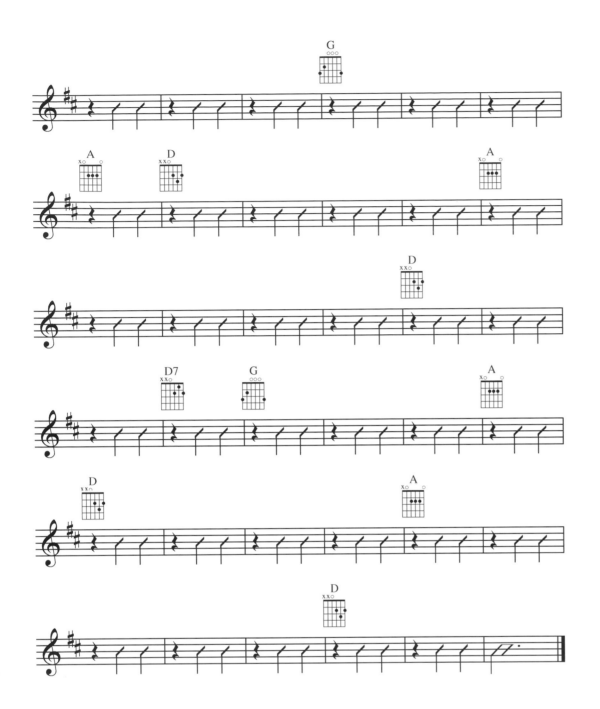

Como hablamos de la velocidad en las canciones, vas a tocar esta canción de banda. Primero a 170 de velocidad, para que sientas el ritmo y la puedas tocar bien. Después, en el tema musical Nº 52 del CD, la tocas a 170 igual, pero con toda la banda. Más adelante en el tema musical Nº 53, la vuelves a tocar, pero esta vez a 222. Puedes comprobar que incluso siendo la misma canción, cuesta más trabajo tocarla porque va más rápido. Recuerda que debes tener paciencia y practicar una y otra vez para poder tocar muchas canciones.

## 52 54 VOLVERÉ CON LA BANDA (GRUPO)

Trata de seguir la música con los ojos, al mismo tiempo que oyes, las notas. Te garantizo que ese tipo de lectura te va a dar mucho conocimiento sobre la música. Intenta hacerlo varias veces y notarás la diferencia.

Practicar es la mejor forma de aprender música.
¿Opina? Que bonita es la música verdad?

En la parte anterior está todo el arreglo de la canción, para que veas como se hace un arreglo de banda. Cada línea es un instrumento diferente. ¡Recuerda eso! En la banda no se usa la guitarra, comúnmente. Pero como este libro es para que aprendas a tocar la guitarra, vamos a usar la guitarra para acompañar la melodía, como si fuera el acompañamiento con trompeta. Usa los acordes de la guitarra para dar el acompañamiento a la melodía. Recuerda una vez lento a 170 y la otra rápido a 222.

## 55 LA ESCALA DE MI

Así se forma la escala de MI mayor. Tomas como base la escala de LA mayor, y la divides en dos. Pones las ultimas 4 notas en otro pentagrama más arriba. En el segundo pentagrama le agregas 4 notas para tener 8 notas, de MI a MI. El orden tiene que ser el mismo en las dos escalas, por eso tienes que agregar el ♯ (sostenido) al RE, para que tenga el mismo orden. Entonces resulta una nota nueva: el RE♯ (RE sostenido).

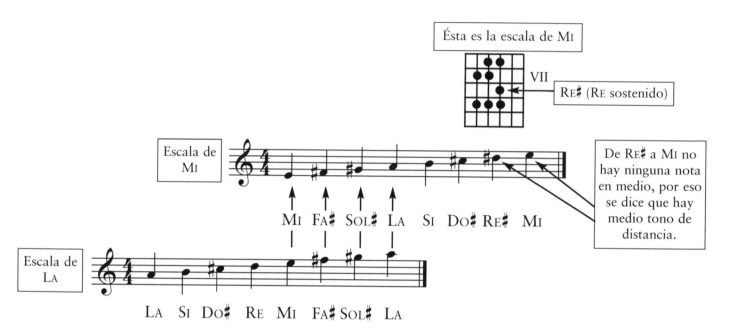

Ésta es la escala de MI

VII — RE♯ (RE sostenido)

De RE♯ a MI no hay ninguna nota en medio, por eso se dice que hay medio tono de distancia.

Escala de MI

MI FA♯ SOL♯ LA SI DO♯ RE♯ MI

Escala de LA

LA SI DO♯ RE MI FA♯ SOL♯ LA

## 56 58 UN BOLERITO PARA TI

Esta canción es tipo mariachi y la guitarra lleva el acompañamiento. Practícala primero lento y luego rápido y vas a ver que bonito se oye. Si tocas los acordes claritos se va a escuchar muy bonito y con esto te darás cuenta que ya puedes tocar guitarra, ¿qué te parece? Bonito ¿verdad? Bien, sigue adelante falta solo una canción.

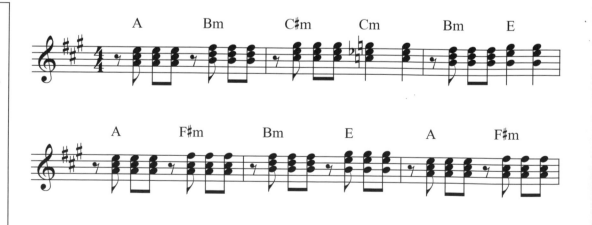

## 57 59 UN BOLERITO PARA TI (GRUPO)

Ya se ven más familiares estas partituras ¿verdad? Se hace más fácil conforme las vas viendo y oyendo más y más.

¡Muchas felicidades por llegar hasta aquí!

Recuerda que esta lección es de velocidad. Tócala primero lentamente, para que sientas el ritmo y puedas mover los dedos bien. Después tócala rápidamente. Haz lo mismo con la canción que le sigue.

¡No te olvides de practicar todas las escalas del libro todos los días!

## CONSEJO

Practica todas las escalas de este libro todos los días.
Cada cuerda y cada nota se deben escuchar clarito.
Después de unos meses vas a notar la gran diferencia.

---

**60** LA ESCALA DE MI♭

Así se forma la escala de Mi♭ mayor. Tomas como base la escala de Si♭ mayor, y la divides en dos. Pones las ultimas 4 notas en otro pentagrama más abajo. En el segundo pentagrama le agregas 4 notas para tener 8 notas, de Mi♭ a Mi♭. El orden tiene que ser el mismo en las dos escalas, por eso tienes que agregar el ♭ (bemol) al LA, para que tenga el mismo orden. Entonces resulta una nota nueva: el LA♭ (LA bemol).

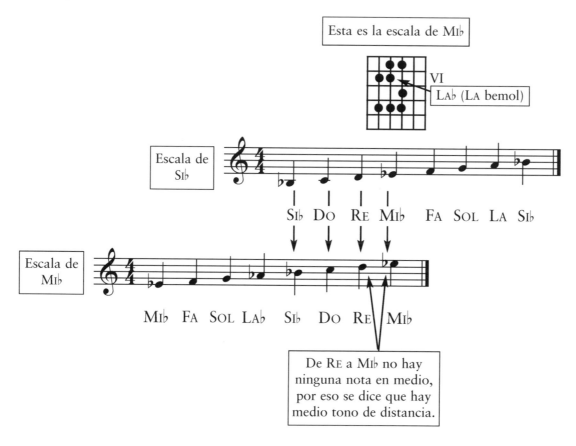

---

**61** **63** ENAMORADO DE TI

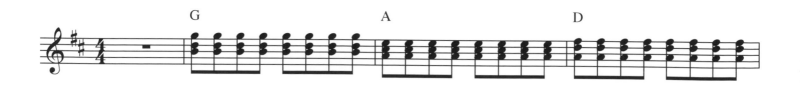

Esta canción es como la prueba final. Seguramente ya puedes tocar acordes combinando con la melodía, para que demuestres cómo se toca la guitarra.
*¡Felicidades por llegar hasta aquí!*

## 62 64 ENAMORADO DE TI (GRUPO)

## 65 LA ESCALA DE LA♭

Así se forma la escala de LA♭ mayor. Tomas como base la escala de MI♭ mayor, y la divides en dos. Pones las primeras 4 notas en otro pentagrama más abajo. En el segundo pentagrama le agregas 4 notas para tener 8 notas, de LA♭ a LA♭. El orden tiene que ser el mismo en las dos escalas, por eso tienes que agregar el ♭ (bemol) al RE, para que tenga el mismo orden. Entonces resulta una nota nueva: el RE♭ (RE bemol).

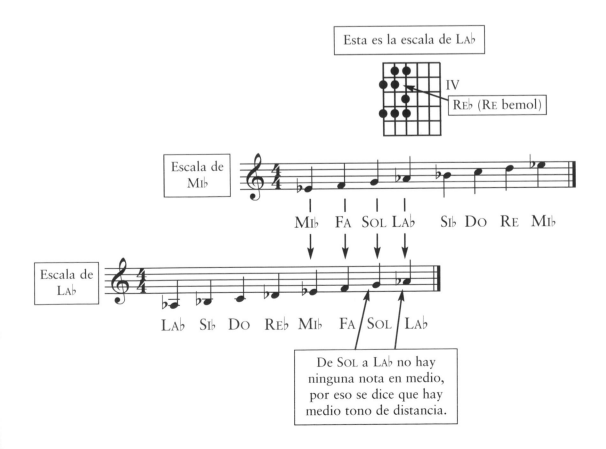

Esta es la escala de LA♭

RE♭ (RE bemol)

Escala de MI♭

MI♭ FA SOL LA♭  SI♭ DO RE MI♭

Escala de LA♭

LA♭ SI♭ DO RE♭ MI♭ FA SOL LA♭

De SOL a LA♭ no hay ninguna nota en medio, por eso se dice que hay medio tono de distancia.

## 66 LA ESCALA DE RE♭

Así se forma la escala de RE♭ mayor. Tomas como base la escala de LA♭ mayor, y la divides en dos. Pones las primeras 4 notas en otro pentagrama más abajo. En el segundo pentagrama le agregas 4 notas para tener 8 notas, de RE♭ a RE♭. El orden tiene que ser el mismo en las dos escalas, por eso tienes que agregar el ♭ (bemol) al SOL, para que tenga el mismo orden. Entonces resulta una nota nueva: el SOL♭ (SOL bemol).

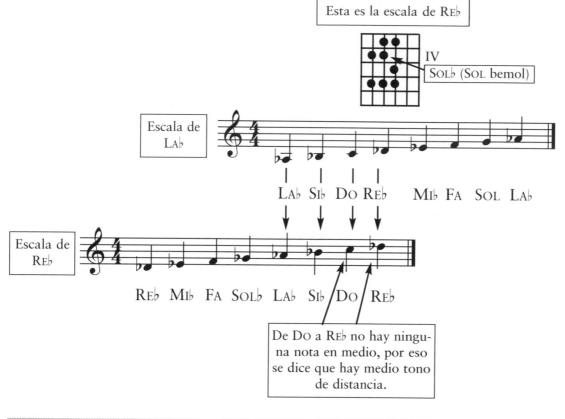

De DO a RE♭ no hay ninguna nota en medio, por eso se dice que hay medio tono de distancia.

## 67 LA ESCALA DE SI

Así se forma la escala de SI mayor. Tomas como base la escala de MI mayor, y la divides en dos. Pones las primeras 4 notas en otro pentagrama más arriba. En el segundo pentagrama le agregas 4 notas para tener 8 notas, de SI a SI. El orden tiene que ser el mismo en las dos escalas, por eso tienes que agregar el ♯ (sostenido) al LA, para que tenga el mismo orden. Entonces resulta una nota nueva: el LA♯ (LA sostenido).

De LA♯ a SI no hay ninguna nota en medio, por eso se dice que hay medio tono de distancia.

# ACORDES MAYORES

## Primera

### Do (C)
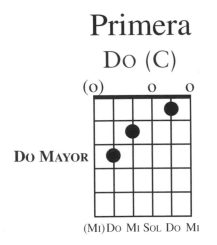

(Mi)Do Mi Sol Do Mi

### Reb (Db)
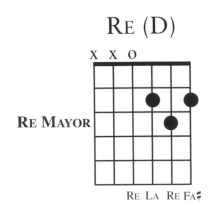

Reb Fa Lab Reb Fa

### Re (D)
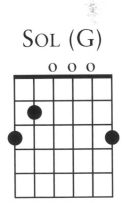

Re La Re Fa♯

### Mib (Eb)
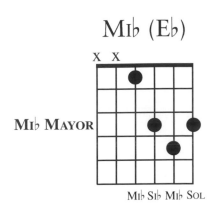

Mib Sib Mib Sol

## Segunda

### Sol7 (G7)
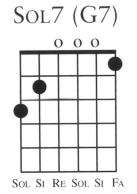

Sol Si Re Sol Si Fa

### Lab7 (Ab7)

Lab Mib Solb Do Mib Lab

### La7 (A7)

La Mi SolDo♯ Mi

### Sib (Bb7)
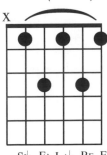

Sib Fa Lab Re Fa

## Tercera

### Fa (F)
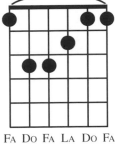

Fa Do Fa La Do Fa

### Solb (Gb)

Solb Reb Solb Sib Reb Solb

### Sol (G)

Sol Si Re Sol Si Sol

### Lab (Ab)
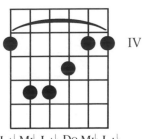

LabMib Lab Do Mib Lab

# Primera
## Mɪ (E)

**Mɪ Mayor**

Mɪ Sɪ MɪSoʟ♯ Sɪ Mɪ

## Fᴀ (F)

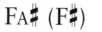

**Fᴀ Mayor**

Fᴀ Do Fᴀ Lᴀ Do Fᴀ

## Fᴀ♯ (F♯)

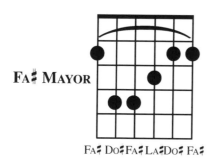

**Fᴀ♯ Mayor**

Fᴀ♯ Do♯Fᴀ♯Lᴀ♯Do♯ Fᴀ♯

## Soʟ (G)

**Soʟ Mayor**

Soʟ Sɪ Rᴇ Soʟ Sɪ Soʟ

# Segunda
## Sɪ7 (B7)

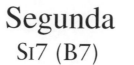

Sɪ Fᴀ♯ Lᴀ Rᴇ♯Fᴀ♯

## Do7 (C7)

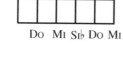

Do Mɪ Sɪ♭ Do Mɪ

## Do♯ (C♯7)

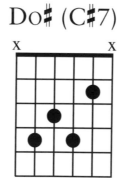

Do♯ Mɪ♯ Sɪ Do♯

## Rᴇ7 (D7)

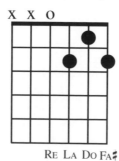

Rᴇ Lᴀ Do Fᴀ♯

# Tercera
## Lᴀ (A)

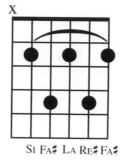

Lᴀ Mɪ Lᴀ Do♯ Mɪ

## Sɪ♭ (B♭)

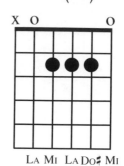

Sɪ♭ Fᴀ Sɪ♭ Rᴇ

## Sɪ (B)

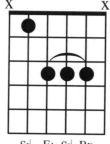

Sɪ Fᴀ♯ Sɪ Rᴇ♯

## Do (C)

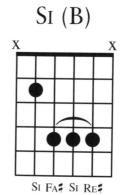

(Mɪ)Do Mɪ Soʟ Do Mɪ

# Primera

## LAb (Ab)

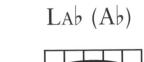

**LAb MAYOR**

IV

LAb MIb LAb DO MIb LAb

## LA (A)

X O     O

**LA MAYOR**

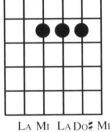

LA MI LA DO♯ MI

## SIb (Bb)

X      X

**SIb MAYOR**

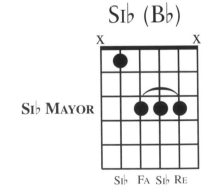

SIb FA SIb RE

## SI (B)

X      X

**SI MAYOR**

SI FA♯ SI RE♯

# Segunda

## MIb7 (Eb7)

X X

MIb SIb REb SOL

## MI7 (E7)

O   O    O O

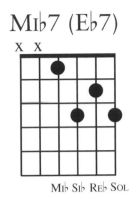

MI SI RE SOL♯ SI MI

## FA7 (F7)

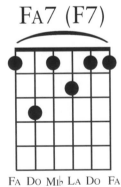

FA DO MIb LA DO FA

## FA♯7 (F♯7)

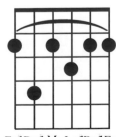

FA♯ DO♯ MI LA♯ DO♯ FA♯

# Tercera

## REb (Db)

X

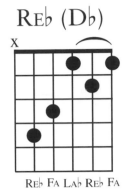

REb FA LAb REb FA

## RE (D)

X X O

RE LA RE FA♯

## MIb (Eb)

X X

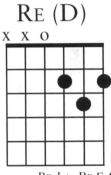

MIb SIb MIb SOL

## MI (E)

O    O O

MI SI MI SOL♯ SI MI

# ALGUNOS ACORDES MENORES

## Primera

### Dom(Cm)

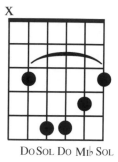

Do Sol Do Mi♭ Sol

### Mi♭m(E♭m)

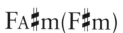

Mi♭ Si♭ Mi♭ Sol

### Fa#m(F#m)

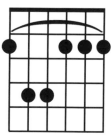

Fa# Do# Fa# La Do# Fa#

### Lam(Am)

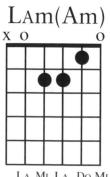

La Mi La Do Mi

## Segunda

### Do#m (C#m)

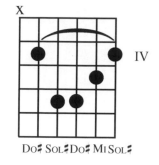

Do# Sol# Do# Mi Sol#

### Mim(Em)

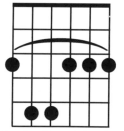

Mi Si Mi Sol Si Mi

### Solm(Gm)

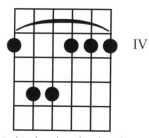

Sol Re Sol Si♭ Re Sol

### Si♭m(B♭m)

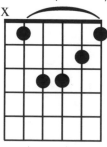

Si♭ Fa Si♭ Re♭ Fa

## Tercera

### Rem (Dm)

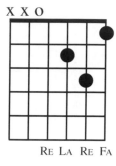

Re La Re Fa

### Fam(Fm)

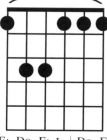

Fa Do Fa La♭ Do Fa

### La♭m(A♭m)

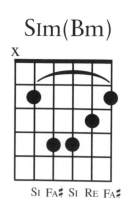

La♭ Mi♭ La♭ Do♭ Mi♭ La♭

### Sim(Bm)

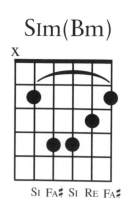

Si Fa# Si Re Fa#

# Y AHORA, ¿QUÉ HAGO…?

Bueno, todavía hay mucho que aprender. Lo primero sería volver a repasar este libro completamente. Te darás cuenta de que quizá algunas cosas ya se te habían olvidado.

Practicar *todos los días* las escalas es muy importante. Practicar *todos los días* los acordes es muy importante. Si algo aprendes de este libro que sean dos cosas: *las escalas y los acordes son la base de la música.*

Las escalas y los acordes que presentamos aquí, son sólo algunos de los que existen. No creas que la música termina tan rápido. Apenas le estas agarrando el gusto. *¡Hay tanto que aprender!*

Usa tu creatividad, piérdele el miedo al instrumento y tócalo lo más posible. Experimenta con las notas, acordes y canciones; en una palabra, haz que sea divertido.

Este libro se escribió debido a la necesidad de tener un libro sobre música en español en Estados Unidos. Hay muchos libros sobre música en inglés y muy buenos; pero en español apenas hay, y menos aún con CD. Esta serie de *Primer nivel (Música Fácil)* © trata de ofrecer libros para enseñar música en tu idioma. Lo importante es que aprendas música.

Felicidades por haber terminado este libro y espero que continúes estudiando la música.

Easy Music School te enseña a tocar guitarra de una forma *fácil*.

## PALABRAS FINALES

Así es. El estudio es la base del éxito. Pero si quieres saber lo que tú podrías llegar a tocar si estudiaras música, simplemente escucha la radio o la televisión o la banda sonora de una película o escucha un concierto de tu artista favorito. ¡Tú puedes tocar *toda* esa música!

Puedes también escuchar cualquier CD de cualquier artista o cualquier canción, o melodía que exista o que vaya a existir. Si estudias, podrías tocar todo. *Es fácil.*

Te recomiendo mucho, mucho, estudiar *Solfeo, Armonía,* y practicar tu instrumento favorito *todos los días.*

Te recomiendo también escuchar mucha música, de todo tipo. Cuanto más música escuches más vas a entrenar tus oídos y tu mente. Un músico que no oiga bien, o que al menos no haga el intento por mejorar su oído musical, no es buen músico.

Así que ya sabes, si estudias música, nadie te podrá parar.

Hasta luego y felicidades una vez más de parte de tu amigo y autor de este libro.

Victor M. Barba

# LISTA INDIVIDUAL DE TEMAS MUSICALES

1. Afinación
2. Mis Primeros Pininos (Solo)
3. Mis Primeros Pininos (Grupo)
4. Rancherita (Solo)
5. Rancherita (Grupo)
6. Simplemente Tu (Solo)
7. Simplemente Tu (Grupo)
8. La Escala de Do
9. Ranchera (Solo)
10. Ranchera (Grupo)
11. Tu Dulce Amor (Solo)
12. Tu Dulce Amor (Grupo)
13. La Escala de Sol
14. Amanecer (Solo)
15. Amanecer (Grupo)
16. Solamente Dos Veces (Solo)
17. Solamente Dos Veces (Grupo)
18. El Cha chá (Solo)
19. El Cha chá (Grupo)
20. Todo Por Ti (Solo)
21. Todo Por Ti (Grupo)
22. No Comprendo (Solo)
23. No Comprendo (Grupo)
24. Circulo de Do
25. La Escala de Re
26. Bach Norteño (Solo)
27. Bach Norteño (Grupo)
28. Circulo de Sol
29. Un Velero En Chapala (Solo)
30. Un Velero En Chapala (Grupo)
31. La Escala de La
32. Volvere Otra Vez (Solo)
33. Volvere Otra Vez (Grupo)
34. Circulo de La

35. El *Rock* De La Escuela (Solo)
36. El *Rock* De La Escuela (Grupo)
37. Norteña De Mis Amores ♩=114 (Solo)
38. Norteña De Mis Amores ♩=114 (Grupo)
39. Norteña De Mis Amores ♩=170 (Solo)
40. Norteña De Mis Amores ♩=170 (Grupo)
41. La Escala de Fa
42. El Rock De La Piedra ♩=120 (Solo)
43. El Rock De La Piedra ♩=120 (Grupo)
44. El Rock De La Piedra ♩=153 (Solo)
45. El Rock De La Piedra ♩=153 (Grupo)
46. La Escala de Si♭
47. Si Te Tuviera ♩=93 (Solo)
48. Si Te Tuviera ♩=93 (Grupo)
49. Si Te Tuviera ♩=129 (Solo)
50. Si Te Tuviera ♩=129 (Grupo)
51. Volvere Con La Banda ♩=170 (Solo)
52. Volvere Con La Banda ♩=170 (Grupo)
53. Volvere Con La Banda ♩=222 (Solo)
54. Volvere Con La Banda ♩=222 (Grupo)
55. La Escala de Mi
56. Una Bolerita Para Ti ♩=85 (Solo)
57. Una Bolerita Para Ti ♩=85 (Grupo)
58. Una Bolerita Para Ti ♩=117 (Solo)
59. Una Bolerita Para Ti ♩=117 (Grupo)
60. La Escala de Mi♭
61. Enamorado De Ti ♩=89 (Solo)
62. Enamorado De Ti ♩=89 (Grupo)
63. Enamorado De Ti ♩=114 (Solo)
64. Enamorado De Ti ♩=114 (Grupo)
65. La Escala de La♭
66. La Escala de Re♭
67. La Escala de Si

# PRIMER NIVEL: APRENDE GUITARRA FÁCILMENTE
## por Victor M. Barba

Gracias a mi familia por ayudarme y apoyarme en la realización de este libro. Gracias también a Betty, mi esposa y a mis dos hijos, Carlos y Cindy.

## NOTA BIOGRÁFICA DEL AUTOR

Víctor M. Barba estudió música en el Conservatorio Nacional de Música de México D.F. Cuenta en su poder con varios premios entre los que se encuentran dos premios Nacionales de Composición. Es así mismo autor de un concierto para piano y unas variaciones sinfónicas. Su música ha sido interpretada por la Orquesta Sinfónica del Estado de México, bajo la dirección del Maestro Eduardo G. Díazmuñoz. Desde muy joven impartió clases de música en diferentes escuelas y a nivel privado, pero no fue hasta 1996 que fundara la escuela Easy Music School. Su sistema de aprendizaje *Música Fácil* © ha ayudado a miles de personas aprender música de una manera práctica y profesional. Como productor de discos y arreglista trabajó junto a Cornelio Reyna y recientemente compuso la banda sonora de la película *Sueños amargos* protagonizada por Rozenda Bernal y Alejandro Alcondez. Víctor M. Barba se destaca también como autor y ha publicado varios métodos para tocar instrumentos musicales tan variados como: teclado, acordeón, batería, solfeo e incluso canto. En la actualidad se concentra en la escritura de libros para trompeta, violín y armonía. Es miembro de BMI y sus canciones han sido interpretadas por artistas de renombre internacional.